最新改訂

落語×解説でわかる
クマオーの
消費税
インボイス
の実務 令和5年度税制改正版

税理士 **熊王征秀** [著]

ぎょうせい

改訂にあたって

　紆余曲折の末にやっとこさインボイス制度がスタートすることになりました。今年はインボイス制度導入元年です。

　インボイスの登録を要請された小規模事業者は、申告と納税という新たな課題に直面することになります。デザイナーのようなサービス業に該当する事業者は、簡易課税制度の適用を受けても売上税額の50％を納税しなければいけないこととなりますので、インボイスの登録をすることによる税負担は深刻です。

　そこで、インボイスの導入にあたり、最大の懸念であった小規模事業者の納税義務負担について、令和5年度改正では「2割特例」という、画期的な制度を創設することになりました。

　この「2割特例」は、インボイスの保存が不要なことは当然として、簡易課税制度と比較してみても下記のようなメリットがあります。

①事業区分が不要であること

②事前の届出が不要であること

③簡易（本則）課税との有利選択ができること

　インボイス制度は正に「待ったなし！」の状況にあります。また、インボイス制度は準備が100％です。

　本書により、手っ取り早く実務の勘所をつかみ取り、実践に生かすようにしてください。読者の皆様のお役に立てれば幸甚です。

　令和5年4月　　　　　　　　　　　　　　　　熊王　征秀

いますべきことは何か！

　コロナ禍の影響などもあるのでしょうか…令和5年10月から始まるインボイス制度の導入に向けた準備が進んでいません。

　日本商工会議所は、令和4年9月8日に「消費税インボイス制度」に関する実態調査の結果を取りまとめて公表しましたが、準備を行っていない事業者の割合は全体の42.2％、売上高1,000万円以下の事業者にあっては60.5％にも上り、小規模事業者ほど準備が進んでいないという実態が浮き彫りになりました。

　令和3年10月から受付が始まっているインボイスの登録申請は、令和5年3月末が期限であるにもかかわらず、令和4年9月末現在での登録件数はおよそ120万件と発表されています（国税庁）。課税事業者はそのほとんどが登録するものと思われますが、そのわずか4割程度しか登録していないということです。また、およそ510万者(社)の免税事業者のうち、建設業や運輸業・サービス業における下請業者などは、今後取引先からの要請によりインボイスの登録を検討する必要があることを考えると、この登録件数の少なさは正に危機的状況であると言えます。

　本書は、インボイス制度は無論のこと、消費税の知識がゼロの方を対象に、いかに短時間でインボイス制度を理解し、実務でどのように対応していくかということを念頭に置きながら執筆しました。まずは第1編の「講座（高座）」を読んでインボイス制度について理解してください。次に第2編で登録申請書の書き方を整理して、最後に第3編で免税事業者のすべきことを確認します。まず、何をすべきかということを、本書により理解し、確認し、納得していただくことを願っています。

令和4年10月　　　　　　　　　　　　　　　　熊王　征秀

Ⅱ　登録申請編 _____ 191

Ⅲ　免税事業者とインボイス編 _____ 215

凡　例

本書では、かっこ内等において、法令・通達等の表記を、次のように省略しています。

消費税法……………………………………………………… 消法

消費税法施行令……………………………………………… 消令

消費税法施行規則…………………………………………… 消規

所得税法等の一部を改正する法律
（平成28年法律第15号）…………………………………… 平成28年改正法

消費税法施行令等の一部を改正する政令
（平成30年政令第135号）…………………………………… 平成30年改正消令

消費税法基本通達…………………………………………… 消基通

消費税の軽減税率制度に関する取扱通達の制定に
ついて（法令解釈通達）（課軽2－1ほか、平成28
年4月12日）（最終改正令和2年4月1日）……………… 軽減通達

消費税の仕入税額控除制度における適格請求書等
保存方式に関する取扱通達の制定について（法令
解釈通達）（課軽2－8ほか、平成30年6月6日）
（最終改正令和4年6月28日）……………………………… インボイス通達

平成元年3月1日付直法2－1「消費税法等の施
行に伴う法人税の取扱いについて」（法令解釈通達）
の一部改正（課法2－6ほか、令和3年2月9日）
（最終改正令和4年6月24日）……………………………… 新経理通達

消費税の仕入税額控除制度における適格請求書等
保存方式に関するQ＆A（平成30年6月）（令和4
年11月改訂）………………………………………………… インボイスQ＆A

I

インボイス講座編

○インボイス制度に関する令和5年度税制改正の概要

項目	内容	適用時期（期間）
インボイスの登録事業者となる小規模事業者に係る税額控除に関する経過措置（2割特例）	免税事業者が右記の適用期間においてインボイスの登録事業者となった場合には、確定申告書への付記を条件に、仕入税額を売上税額の8割とする。 ※適用除外となる課税期間 ・「課税事業者選択届出書」の提出により、令和5年10月1日前から課税事業者となっている事業者の令和5年10月1日にまたがる課税期間 ・基準期間（特定期間）中の課税売上高が1,000万円を超えた課税期間 ・課税期間を短縮している場合のその短縮した課税期間とみなし課税期間 ・登録前に相続があったことにより年の中途から課税事業者となる相続人の課税期間	令和5年10月1日から令和8年9月30日までの日の属する課税期間について適用する。
	「課税事業者選択届出書」の提出により、令和5年10月1日の属する課税期間から課税事業者となる登録事業者は、その課税期間中に「課税事業者選択不適用届出書」を提出することにより、提出日の属する課税期間から課税選択の効力を失効させることができる。	
	この経過措置の適用を受けた登録事業者が、その適用を受けた課税期間の翌課税期間中に「簡易課税制度選択届出書」を提出した場合には、その提出日の属する課税期間から簡易課税により計算することができる。	

一定規模以下の事業者に対する事務負担の軽減措置（少額特例）	基準期間における課税売上高が1億円以下又は特定期間における課税売上高が5,000万円以下である事業者が、右記の期間中に国内において行う課税仕入れについては、その税込仕入高が1万円未満である場合、一定の事項が記載された帳簿のみの保存により仕入税額控除を認めることとする。	令和5年10月1日から令和11年9月30日までの期間
少額な返還インボイスの交付義務免除	売上げに係る対価の返還等の金額（税込）が1万円未満の場合には、その適格返還請求書の交付義務を免除する。	令和5年10月1日以後の課税売上げに係る対価の返還等について適用する。
登録制度の見直しと手続の柔軟化	免税事業者が課税期間の初日からインボイスの登録事業者になる場合には、その課税期間の初日から起算して15日前の日までに登録申請書を提出しなければならない。	その課税期間の初日（登録希望日）後に登録がずれこんだ場合には、その課税期間の初日（登録希望日）に登録を受けたものとみなす。
	登録申請書の登録希望日に記載した日から登録を受けようとする免税事業者は、登録申請書の提出日から15日を経過する日以後の日を記載しなければならない。	
	令和5年10月1日から登録する場合において、登録申請書の申請期限後に登録申請書を提出する場合でも、登録申請書に「困難な事情」を記載する必要はないこととした。	
	登録事業者が翌課税期間の初日から登録を取り消す場合には、その課税期間の初日から起算して15日前の日までに登録取消届出書を提出しなければならない。	

1 インボイスがないとどうなる？

八つぁん

「インボイス」とかいうものの登録申請が始まったらしいけれども、そもそもインボイスというのは何なんだい？

熊さん

一言で言えば仕入先の納税証明書のことさ。自動車税の納税証明書がないと車検が受けられねえだろ？　あれと同じように仕入先が発行したインボイスがなけりゃ仕入税額控除ができねえことになるんだよ。

昔から気になってるんだけれども、なんで消費税ってのは取引の都度課税しなくちゃいけねえんだい？　アメリカみてえに小売課税でやった方がシンプルでいいと思わねえか？

日本も昭和の時代は物品税っていう税法があって、貴金属なんかは小売課税でやってたみたいだぜ。指輪とかネックレスなんかは確か15％の税率で課税されていた。詳しいことはよく覚えてねえが、平成の到来と共に物品税は廃止されて、代わりに消費税が導入されたということらしいんだ。

◈消費税の基本的なしくみ

消費税とは、物の販売や貸付け、サービスなどに対して課税される税金で、その商品の販売価格やサービスなどの代金に10％の税金を上乗せし、購入者や受益者に税を負担させることを予定して立法されています。

たとえば、宝石店が100万円で指輪を販売しようとする場合には、宝石店は購入者から110万円を領収し、うち10万円（100万円×10％）を税務署に払うことになるかというと実はそうではありません。

消費税は、その取引が消費者に対する小売なのか、宝石店に対する卸売なのかということに関係なく、取引の都度、その取引金額に10％の税率で課税することになっています。

つまり、宝石店は、この指輪を問屋から仕入れる際に、問屋が上乗せした消費税を仕入代金とともに払っているわけですから、これを差し引いた金額だけ税務署に納めればよいわけです。

たとえば、宝石店がこの指輪を問屋から仕入れる際に、仕入代金の60万円と10％の消費税（60万円×10％＝6万円）あわせて66万円を問屋に支払い、これを顧客（消費者）に販売する際に、代金100万円と10％の消費税（100万円×10％＝10万円）あわせて110万円を領収したような場合には、この宝石店が税務署に納付する消費税は、預かった消費税10万円から支払った消費税6万円を差し引いた額の4万円となります。

問屋の仕入を無視して考えた場合、問屋の納付する消費税（6万円）と宝石店の納付する消費税（4万円）の合計額10万円は、最終購入者である消費者の税負担額と一致することになります。つまり、消費税は、各取引段階にいる事業者が、消費者の負担すべき消費税を分担して納税するシステムになっているのです。

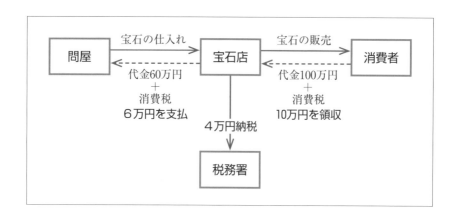

　消費税は「消費」に担税力を求めて課税する税金ですから、本来であれば、小売課税が理想的な課税方式なのでしょう。しかし、この小売課税制度は理想的ではあるものの、課税技術上の問題があることも事実です。たとえば、上図の宝石店のケースであれば、お客さんが、この宝石店で指輪を購入したら消費税が課税されるのに対し、問屋さんに直接買い付けに行けば課税されないということになると、誰もが問屋さんに買いに行くのではないでしょうか…。こういった事態を防ぐために、物品税法では、貴金属の販売業者については「販売業者証明書」を交付し、この証明書の提示がなければ貴金属の売買はできないこととしていたのです。

　このように、単段階課税方式はシンプルではあるものの、課税技術上の問題点が多いことも事実です。これに対し、消費税のような多段階課税の間接税は、手間がかかる半面、単段階課税方式の課税技術上の問題点を解消することができますので、課税方式としては優れた制度だと言うことができると思います。

※ インボイスがないとどうなる？

　インボイスがないと、仕入先が納税してるかどうかということを買手

サイドで確認することができません。そこで、インボイス制度を採用してこなかった日本では、納税義務がない免税事業者からの仕入れについても課税されているものと割り切って、仕入税額控除を認めることとしてきました。

結果、インボイスが導入される令和5年9月30日までの間は、免税事業者との取引であっても仕入税額控除の対象とすることができますので、免税事業者が発行する区分記載請求書には、軽減税率の適用対象取引であることと、税率ごとの取引金額を記載することが義務付けられています（軽減税率Ｑ＆Ａ（個別事例編）問111）。

軽減税率Ｑ＆Ａ（個別事例編）問111には、『…免税事業者は、取引に課される消費税がないことから、請求書等に「消費税額」等を表示して別途消費税相当額等を受け取るといったことは消費税の仕組み上、予定されていません。』との記載がされています。しかし、免税事業者が別途消費税相当額を受け取ることは法令などで禁止されていないため、現実の商取引においては、免税事業者でも外税で消費税相当額を受領しているのです。

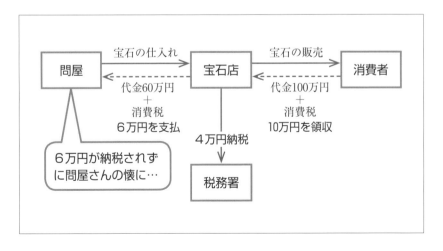

　資本金が1,000万円未満の新設の法人は、基準期間がない設立事業年度とその翌事業年度は原則として納税義務がありません。そこで、実務の世界では、計画的に資本金1,000万円未満で法人を設立し、この免税事業者である新設の法人に支払った外注費や人材派遣料を仕入控除税額の計算に取り込んで節税を図ろうとする動きがあります。

　消費者が負担する消費税が国庫に収納されず、事業者の懐に残ってしまうというこの「益税問題」は、インボイス制度の導入により、ひとまずは解消されることとなったのです。

- インボイスとは仕入先の納税証明書です。
- インボイスがないと、原則として仕入税額控除は認められません。
- 免税事業者はインボイスを発行することができません。よって、免税事業者からの仕入れは仕入税額控除ができないことになります。ただし、経過措置として、免税事業者からの仕入れであっても令和5年10月1日～令和8年9月30日までの間は80％、令和8年10月1日～令和11年9月30日までの間は50％の控除を認めることとしています（平成28年改正法附則52、53、インボイスQ＆A問99））。

2 インボイスの導入で何が変わる？

噂によると、ドイツやフランスの課税事業者は、インボイスの登録が義務化されてるみたいだな。日本でも課税事業者はインボイスの発行が強制されるのかい？

イギリスはインボイスの登録については事業者が選択できることになっているらしいぜ。噂によると日本はイギリス型を採用したということだ。

ということは「アルファ株」だな？

コロナのことじゃねえ！ 俺はインボイスの話をしてるんだよ。日本では課税事業者でもインボイスの登録をするかどうかは選択制になっているということだ。

インボイスがないと払う税金が増えちまうんで、どこもかしこもインボイス欲しさに大騒ぎになるんだろうな。義務化されているかどうかはともかくとして、課税事業者だったらみんな登録することになるんじゃねえか。

それはどうだろう…。登録すると手間が増えるんで、課税事業者でも業種によっては登録しないところもあると思うぜ。

例えばどんなところだい？

そうさなぁ…パチンコ屋とかゲームセンターなんてのはどうだい？ パチンコ玉買って「インボイスください」って奴はいねえだろう。

パチンコ玉はそもそも経費にならねえからな（笑）

学習塾や予備校あたりも要らねえな。

最近のガキはませてやがるからな。大人の真似して受付で「インボイスくだちゃい」とか言うかもしれねえ（笑）

老人ホームも要らねえな。薬とインボイスの区別がつかなくなって「インボイスをくれ〜」とか言って看護師を困らせるお爺ちゃんとかいるかもしれねえ（笑）

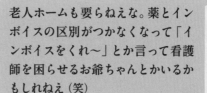

◈区分記載請求書等保存方式

　インボイス制度（適格請求書等保存方式）は令和5年10月1日から導入されます。そこで、令和元年10月1日から令和5年9月30日までの間は、インボイス制度を導入するための準備期間として、区分記載請求書等保存方式が仕入税額控除の要件とされています（平成28年改正法附則34②③）。

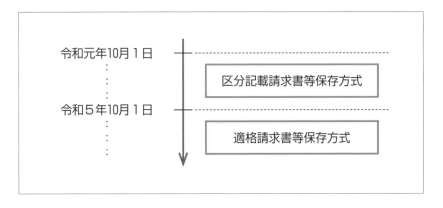

　仕入税額控除の適用を受けるためには、従来より法定事項が記載された帳簿と請求書等の保存が義務付けられていました。令和元年10月1日より軽減税率制度が導入されたことに伴い、帳簿には、新たに「軽減税率対象品目である旨」を記載することが義務付けられています。

　また、保存が義務付けられている請求書や領収証、仕入先の確認を受けた上で発行する仕入計算書等については、新たに「軽減税率対象品目である旨」と「税率ごとの税込取引金額」が記載されていることが、仕入税額控除の要件となりました。

　これらの法定事項が記載された帳簿と請求書等の保存を義務付けることを「区分記載請求書等保存方式」といいます。

帳簿の記載事項	区分記載請求書等の記載事項
① 仕入先の氏名又は名称	① 請求書等の発行者の氏名又は名称
② 取引年月日	② 取引年月日
③ 取引内容 （**軽減税率対象品目である旨**）	③ 取引内容 （**軽減税率対象品目である旨**）
④ 取引金額（対価の額）	④ 取引金額（**税率区分ごとの合計額**）
	⑤ **請求書等受領者の氏名又は名称**

※太字の箇所が令和元年10月1日より追加された項目

小売業や飲食店業などについては、区分記載請求書等の記載事項のうち、⑤の「請求書等受領者の氏名又は名称」の記載を省略することができる（消法30⑨一、消令49④）

◈帳簿の記載方法

　帳簿については、申告時に請求書等を個々に確認することなく、帳簿に基づいて税額計算ができる程度に記載してあれば問題ありません。

　したがって、商品の一般的総称でまとめて記載したり、軽減税率の対象となる取引に、「※」や「☆」といった記号・番号等を表示し、これらの記号・番号などが軽減税率の対象であることを表示するような記帳方法も認められます。

　また、元帳などに8％の軽減税率を表示しても構いませんので、帳簿の追記事項については通常の記帳業務で要件は充足されるものと思われます（軽減税率Q＆A（個別事例編）問120）。

総勘定元帳（仕入）			
××年		摘要	金額
月	日		
×	××	△△商店　雑貨	××
×	××	○○物産　食料品　※	××
:	:	:	:

まとめ記載　　　　　　　　　　記号・番号・税率による表示

◈区分記載請求書等の記載（事項）方法

　区分記載請求書等には、軽減税率対象品目である旨が客観的にわかる程度の記載がされていればよいこととされていますので、個々の取引ごとに適用税率を記載しなくても、軽減税率対象品目に「※」を付けるような方法によることも認められます（軽減通達18、軽減税率Q＆A（制度概要編）問13）。

　例えば、飲食料品などの軽減税率対象品には、セブン‐イレブンのレシートであれば「＊」の印、ローソンとファミリーマートは「軽」の印を付けて表示しています。

　なお、「区分記載請求書等の記載事項」の太字の箇所については、請求書等の交付を受けた事業者が事実に基づき追記することが認められています。

　したがって、記載事項に瑕疵がある請求書等を受け取ったとしても、

仕入先に再発行をお願いする必要はありません。購入者サイドでは、記載漏れとなっている事項を追記した請求書等を保存することにより、仕入税額控除の適用を受けることができます。

※令和5年10月以降は、記載事項に誤りのあるインボイスを受け取った事業者は、自らが追記や修正を行うことはできません。したがって、取引先に修正したインボイスの交付を求める必要があります（インボイスＱ＆Ａ問82）。

	請求書	

(株)○○御中　　　　令和○年 11 月 30 日

11 月分　131,200 円（税込）

日付	品名	金額
11/1	小麦粉 ※ ⓐ	5,000 円
11/1	キッチンペーパー	2,000 円
：	：	：
	合計	131,200 円
ⓑ 10 ％対象		88,000 円
ⓑ 8 ％対象		43,200 円

※は軽減税率対象品目 ⓒ

△△商事㈱　　　　登録番号Ｔ－×××××

ⓐ 軽減税率対象品目には「※」などを記載

ⓑ 税率ごとに合計した税込売上高を記載

ⓒ 「※」が軽減税率対象品目であることを記載

❖インボイスの導入で何が変わる？

インボイス制度の導入により、インボイスの発行や管理などの事務負担が増えることを心配している人がいるようですが、日本型インボイスは、EU型インボイスと比較してみても記載事項が少なく、また、一定期間中の取引についてのまとめ発行ができるなど、制度はさほど煩雑なものではありません。事前に準備さえしていけば、世間で大騒ぎしているような厄介な代物ではないのです。

インボイス制度は準備が100％です。直前になってからあわてて準備を始めたのでは間に合いませんので、まずは制度の内容をしっかりと理解した上で、本番に向けて準備を進めることが重要です。

インボイスには、税率ごとの消費税額と登録番号を記載することが義務付けられています。ただし、飲食代や小売業・タクシーのレシートなど（簡易インボイス）については、税率と消費税額のどちらかを記載すればよいことになっています。すでに税率や消費税額が記載されている領収書や請求書であれば、登録番号だけ追加すればいいわけですから、インボイスといってもそんなに大袈裟なものではないのです。あまり心配はせずに、準備を進めていただければよいと思います。

なお、インボイス制度の導入に伴い、仕入税額控除の要件も変わります。令和5年10月以降は、3万円未満の交通費や通勤手当などの一部の例外を除き、原則としてインボイスの保存が仕入税額控除の要件となります。よって、インボイスを受領する事業者サイドでは、登録番号などの法定事項が記載されているインボイスを保存しなければ仕入税額控除ができないこととなりますのでご注意ください。

請求書

(株)○○御中　　　　　令和○年 11 月 30 日

11 月分　131,200円（税込）

日付	品名	金額
11/1	小麦粉 ※	5,000 円
11/1	キッチンペーパー	2,000 円
:	:	:
合計 消費税	120,000円 11,200円

（ 10 ％対象 80,000円　消費税 8,000円）
（ 8 ％対象 40,000円　消費税 3,200円） ← 税率ごとの消費税額

※は軽減税率対象品目

△△商事㈱　　登録番号 T－×××××　← 登録番号

ポイント

- 記載事項に誤りのあるインボイスを受け取った事業者は、自らが追記や修正を行うことはできませんので、取引先に修正したインボイスの交付を求める必要があります（「区分記載請求書等の記載事項」については、請求書等の交付を受けた事業者が事実に基づき追記することが認められています。）。
- インボイスの登録は任意です。
- インボイスには、税率ごとの消費税額と登録番号を記載する必要があります。
- 仕入税額控除の適用を受けるためにはインボイスの保存が必要です。

3 免税事業者はどうなる？

八つぁん

サブちゃんが元請からインボイスの登録をどうすんのか聞かれたらしいんだ。

熊さん

確かサブちゃんは配線工事の下請をやってる個人事業者だよな。消費税の申告はしてるのかい？

売上高が1千万円以下の場合には消費税は払わなくてもいいんだろ？ いつもボロ着て安酒喰らってるところをみると、あいつは1千万円も稼いでる感じじゃねえな。

ということは消費税の免税事業者か…。免税事業者はインボイスを発行することができねえから元請はサブちゃん（下請）に支払う外注費が控除できないことになる。そうすると、サブちゃんは仕事貰えなくなるかもしれねえな。

仕事が貰えねえということは失業するってことかい？

簡単に言えばそういうことだ。あるいは外注単価が消費税相当額だけ引き下げられる可能性もある。

そりゃてえへんだ！ さっそくサブちゃんに教えてやらねえといけねえ…。

おそらくサブちゃんは元請から消費税を貰ってると思うぜ。消費税を貰っておきながら納税していない。だったら登録してインボイスを発行すればいいんじゃねえか？

免税事業者でも登録してインボイスを発行することはできるのかい？

そりゃ無理だわ！ インボイスを発行するということは、相手に仕入税額控除の権利を与えるということだから、免税事業者のままだとそもそも登録申請ができないことになっている。課税事業者になって、消費税の申告と納税をしないとインボイスは発行できねえんだよ。

サブちゃん嫌がるだろうな…。毎年所得税払うのだってブツブツ言ってるくらいだから、とどめに「消費税も払え」なんて言われたら怒り狂うかもしれねえな（笑）

※適格請求書発行事業者登録制度

インボイスを発行するためには登録が必要です。「適格請求書発行事業者」として登録をしなければインボイスを発行することはできません（消法2①七の二）。

「適格請求書発行事業者」の登録は、令和3年10月1日からその申請を受け付けることとしていますので、令和5年10月1日前であっても申請書を提出することができます（平成28年改正法附則1八）。

e-Taxを利用して登録申請書を提出し、電子での通知を希望した場合には、登録の通知もe-Taxにより行われます（インボイスQ＆A問3）。

ただし、e-Taxにより申請した場合でも、電子版登録申請書の□欄にチェックしないと書面による通知となりますのでご注意ください。

【電子版登録申請書（抜粋）】

チェック！

税　理　士　署　名		（電話番号　　－　　－　　）	☑

本申請に係る通知書等について、電子情報処理組織（e-Tax）による通知を希望します。

※税務署処理欄	整理番号		部門番号		申請年月日	年　月　日	通信日付印　確認 年　月　日
	入力処理	年　月　日	番号確認		身元確認	□済 □未済	確認書類 個人番号カード/通知カード・運転免許証 その他（　　　）
	登録番号	T　│　│　│　│　│　│　│					

記載要領についてはヘルプを参照してください。

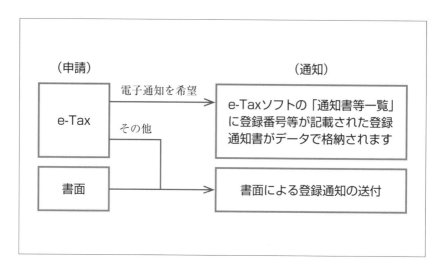

　登録申請書を提出してから登録の通知を受けるまでの期間について
は、登録申請書の提出状況により異なることから、「国税庁適格請求書
発行事業者公表サイト」におおよその期間を掲載することとしています
（インボイスＱ＆Ａ問４）。本書の校正時（令和５年３月時点）に国税庁
ホームページで確認したところ、書面で提出された登録申請書について
は２か月、e-Taxで提出された登録申請書については３週間と案内され
ていました。

　国税局(所)では、「インボイス登録センター」を設置し、インボイス制
度に関する申請書の入力や電話照会等の事務について集約処理を行うこ
ととしています。よって、インボイス制度に関する申請書等を書面によ
り提出する場合は、（登録申請書には「＿＿＿税務署長」と書かれている
ものの）提出先は所轄税務署ではなく、インボイス登録センターへ郵送
で送付することになります。

◈**免税事業者とは？**

　事業者免税点は1,000万円と定められています。したがって、基準期間における課税売上高が1,000万円以下の事業者は、当課税期間の課税売上高が何億円あろうとも一切納税義務はありません。逆に、基準期間における課税売上高が1,000万円を超える事業者は、当課税期間の課税売上高がたとえ1,000万円以下であったとしても、納税義務は免除されないことになります（消法9①）。

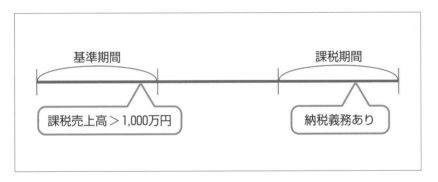

　納税義務の判定に用いる基準期間については、個人事業者と法人に区分して次のように規定されています（消法2①十四）。

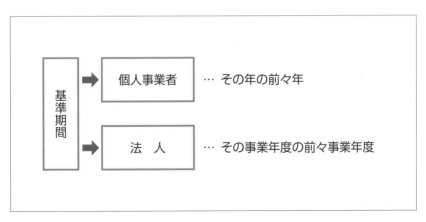

　消費税は税の転嫁を予定している税金です。そこで、税を転嫁するための顧客への周知など、準備期間も考慮したうえで、個人事業者については前々年、1年決算法人については前々事業年度を基準期間として定めたということです。

◈特定期間中の課税売上高による納税義務の判定

　基準期間における課税売上高が1,000万円以下であっても、特定期間中の課税売上高と給与等の支払額のいずれもが1,000万円を超える場合には、納税義務は免除されません（消法9の2①③）。

　特定期間とは原則として直前期の上半期ですが、直前期が7か月以下の新設の法人にはこの規定は適用されません。また、月の中途に設立した法人などで、直前期の開始日から6か月目が月末でないケースでは、その直前月末日までの期間を特定期間とするように手当がされています（消令20の6①一）。

　たとえば、1月10日に12月決算法人を設立した場合の設立第2期の判定は、1月10日から6か月目が7月9日となりますので、その直前月末日まで遡り、1月10日〜6月30日が特定期間となります。

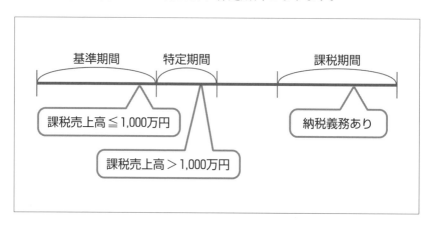

　また、特定期間中の課税売上高に代えて、給与等の支払額による判定が認められています。結果、特定期間中の課税売上高と給与等の支払額のいずれもが1,000万円を超える場合に限り、課税事業者に取り込まれることになります。

　この場合の給与等の支払額には、未払給与は含まれません。

　個人事業者の特定期間は前年1月1日から6月30日となりますが、たとえば、7月5日に支払った6月分の給料は判定に含める必要はないということです。

◈届出書の提出義務

　基準期間（特定期間）中の課税売上高が1,000万円を前後することにより消費税の課税（免税）事業者になる場合には、下記の届出書の提出が義務付けられています。

	届出書の名称	提出期限
基準期間における課税売上高が1,000万円を超えることとなった場合	消費税課税事業者届出書（基準期間用）	速やかに提出する
基準期間における課税売上高が1,000万円以下となる場合	消費税の納税義務者でなくなった旨の届出書	
基準期間における課税売上高が1,000万円以下であるが、特定期間中の課税売上高（給与等の支払額）が1,000万円を超えることとなった場合	消費税課税事業者届出書（特定期間用）	

◈免税事業者はインボイスの登録申請ができない！

　免税事業者はインボイスを発行することができません。インボイス制度が導入される前であれば、免税事業者との取引でも仕入税額控除の対象とすることができたのですが、インボイス制度の導入により、免税事業者からはインボイスが貰えないこととなります。

　インボイスがないと仕入税額控除ができないため、仕入側では納付する税額が増えることになります。結果、免税事業者との取引が減少して、免税事業者は商売ができなくなるかもしれません。よって、取引先からの要請などにより、インボイスの登録申請をする事業者が増加するものと思われます。

　基準期間における課税売上高が1,000万円以下の免税事業者が「適格請求書発行事業者」になるためには、「課税事業者選択届出書」を提出し、課税事業者となったうえで登録申請をする必要があるのです。

　また、課税事業者であっても登録をしなければ「適格請求書発行事業者」になることはできません。よって、インボイスを発行する必要がない課税事業者は、あえて登録する必要はありません。

　ただし、課税事業者が登録をしなかったからといって、納税義務が免除されるわけではありませんのでご注意ください。

課税選択		適格請求書の登録	適格請求書の発行	申告義務
	課税事業者	有	○	有
		無	×	
	免税事業者	×	×	無

◈インボイスはいつから発行できる？

　登録申請書を税務署長に提出し、登録申請をした場合には、登録後の期間について、適格請求書発行事業者としてインボイスを発行することができます。したがって、通知がされるまでの間は登録番号がありませんので、当然のことながら「適格請求書発行事業者」となることはできません。

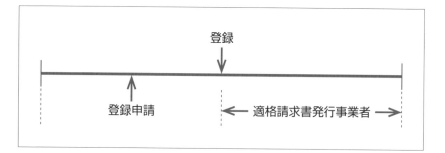

- インボイスを発行するためには登録が必要です。「適格請求書発行事業者」として登録をしなければインボイスを発行することはできません。

- 基準期間における課税売上高が1,000万円以下の事業者については、消費税の納税義務を免除することとしており、この制度により納税義務が免除される事業者のことを「免税事業者」といいます。

- 基準期間における課税売上高が1,000万円以下であっても、特定期間中の課税売上高と給与等の支払額のいずれもが1,000万円を超える場合には、納税義務は免除されません。

- 免税事業者が「適格請求書発行事業者」になるためには、原則として「課税事業者選択届出書」を提出し、課税事業者となったうえで登録申請をする必要があります。

- 書面により登録申請書を提出する場合には、書類の郵送先は所轄税務署ではなく、管轄地域の「インボイス登録センター」となります。

- e-Taxを利用して登録申請書を提出し、電子での通知を希望した場合には、登録の通知もe-Taxにより行われます。

- 電子版登録申請書の☑欄にチェックしないと電子による通知ではなく、書面による通知となりますのでご注意ください。

4 免税事業者の登録申請

サブちゃんの話によると、元請は強要こそしないものの、インボイスの登録について「ご協力戴きたい」と言ってるらしいんだ。同じ下請仲間にも相談したんだが、どうも雰囲気的に断れないみたいだな…。

登録を拒んだらどうなるんだろう…。「もう来なくていい」とか冷たく言われるのかな？ サブちゃんは元請から消費税を貰ってるんだろ？ だったら登録して申告納税するしか生きる術はねえだろう。

「登録申請書」ってのはいつまでに出せばいいんだい？

本番が始まる令和5年10月1日の半年前が期限だったけど、令和5年9月30日までに申請すれば、10月1日に登録したとみなされるようになったようだ。それと、サブちゃんは免税事業者だから「課税事業者選択届出書」を出してからでないと登録申請ができないことになっている。

消費税の還付金を貰うときに必要なのが「課税事業者選択届出書」だって聞いたことがあるぞ。これを建物などが完成する年の前年中に出しとかないと還付金が貰えずに大変なことになるらしいじゃねえか。

令和5年から適格請求書発行事業者になるためには令和4年中に「課税事業者選択届出書」を提出する必要があるということか…。そうすると、令和5年1月1日から課税事業者になるのかな???

インボイス制度が始まるのは令和5年10月1日からだから、10月以降については申告と納税が必要になることはわかる。でも9月30日まではまだインボイス制度が始まっていないのに納税しなきゃいけないってのは何か納得いかねえな…。

解説

◈免税事業者が登録申請するケース

免税事業者が登録申請書を提出し、課税期間の初日から「適格請求書発行事業者」になろうとするときは、その課税期間の初日から起算して15日前の日までに登録申請書を税務署長に提出する必要があります（消法57の2②、消令70の2）。

よって、個人事業者であれば前年の12月17日、9月決算法人であれば直前事業年度の9月16日が申請期限となります。

この場合において、実際の登録日がその課税期間の初日後にずれこんだ場合には、その課税期間の初日に登録を受けたものとみなすこととされていますので、登録通知を受け取った後に登録番号を取引先に通知すれば、通知前に交付した請求書等はインボイスとして有効になります。

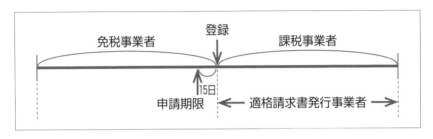

◈令和5年10月1日から登録する場合の申請期限

令和5年10月1日から「適格請求書発行事業者」になろうとするときは、令和5年3月31日（申請期限①）までに登録申請書を税務署長に提出する必要があります。ただし、特定期間中の課税売上高等が1,000万円を超えたことにより、課税事業者となる事業者の場合には、①の期限までに登録申請書を提出することができないケースが想定されます。

そこで、特定期間中の課税売上高等により納税義務を判定した結果、課税事業者となる事業者が、令和5年10月1日から「適格請求書発行事業者」になろうとするときは、登録申請書の提出期限を令和5年6月30日（申請期限②）まで延長しています（平成28年改正法附則44①）。

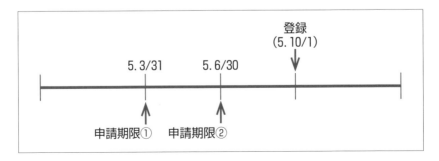

◈困難な事情がある場合

　上記①または②の期限までに登録申請書を提出することが困難な場合には、令和5年9月30日までに登録申請書を提出することにより、令和5年10月1日に登録を受けたものとみなされます（平成30年改正令附則15）。

　この場合において、登録申請書には困難な事情を記載しなくてもよいこととなりました。

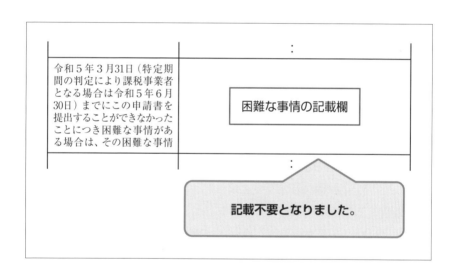

◈免税事業者が令和5年10月1日から登録する場合

　免税事業者が令和5年10月1日の属する課税期間中に登録を受ける場合には、「課税事業者選択届出書」の提出は不要とされています。

　例えば、免税事業者である個人事業者は、申請期限である令和5年3月31日までに登録申請書を提出することにより、令和5年10月1日から「適格請求書発行事業者」としてインボイスを発行することができます。

この場合において、令和5年1月1日〜令和5年9月30日の間は免税事業者として納税義務はありませんので、登録開始日である令和5年10月1日以後の期間についてのみ、課税事業者として申告義務が発生することになります（平成28年改正法附則44④、インボイス通達5−1）。

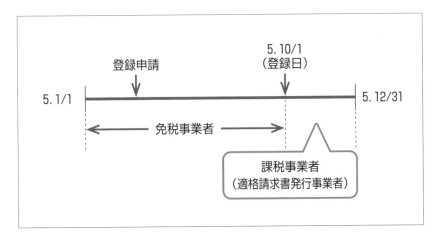

また、登録日以後の期間（令和5年10月1日〜令和5年12月31日）について簡易課税制度の適用を受けようとする場合には、令和5年12月31日までに「簡易課税制度選択届出書」を提出することにより、簡易課税により仕入控除税額を計算することができます（平成30年改正令附則18）。

つまり、「簡易課税制度選択届出書」は課税期間の末日までに提出すればよいということです。

この場合において、「簡易課税制度選択届出書」を提出した日の属する課税期間から適用を受けようとする場合には、届出書にその旨☑するのを忘れないようにしてください。

また、個人事業者が令和5年10月1日から登録事業者になる場合、令和5年10月1日〜12月31日期間分について申告が必要になるわけですが、届出書①の適用開始課税期間欄は「自令和5年1月1日　至令和5

年12月31日」と記載することに注意してください。

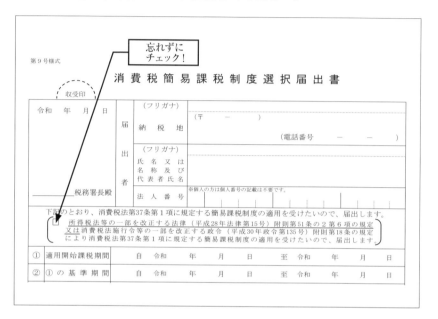

第9号様式

忘れずに
チェック！

消費税簡易課税制度選択届出書

収受印

令和　年　月　日	届出者	（フリガナ）		
		納税地	（〒　　−　　　）	
				（電話番号　　　−　　　−　　　）
		（フリガナ）		
		氏名又は名称及び代表者氏名		
＿＿＿＿税務署長殿		法人番号	※個人の方は個人番号の記載は不要です。	

下記のとおり、消費税法第37条第1項に規定する簡易課税制度の適用を受けたいので、届出します。

☑ 所得税法等の一部を改正する法律（平成28年法律第15号）附則第51条の2第6項の規定又は消費税法施行令等の一部を改正する政令（平成30年政令第135号）附則第18条の規定により消費税法第37条第1項に規定する簡易課税制度の適用を受けたいので、届出します。

①	適用開始課税期間	自　令和　　年　　月　　日　　　至　令和　　年　　月　　日
②	①の基準期間	自　令和　　年　　月　　日　　　至　令和　　年　　月　　日

◇◇簡易課税制度とは？

　簡易課税制度とは、中小事業者について認められている仕入控除税額の特例計算です。簡易課税制度の適用を受ける場合には、実額による課税仕入れの集計はせずに、みなし仕入率により仕入控除税額を見積り計算します。よって、簡易課税制度の適用を受けている限りはどんなに多額の設備投資があっても消費税の還付を受けることはできません。

　簡易課税制度は、実額による仕入控除税額の計算が困難な事業者に配慮して設けられたものですが、実務上は、簡易課税制度の適用を受ける場合と受けない場合とで比較検討したうえで、その適用の是非を判断することになります。また、設備投資などについて消費税の還付を受けようとする場合には、事前に「簡易課税制度選択不適用届出書」を提出し、

仕入控除税額の計算方法を本則課税に変更しておく必要があることにもご注意ください（消法37⑤⑦）。

【適用要件】

簡易課税を適用することができるのは、次の①と②のいずれの要件も満たす事業者です（消法37①）。

> ① 簡易課税により計算しようとする課税期間の基準期間における課税売上高が5,000万円以下であること
> ② 「簡易課税制度選択届出書」を納税地の所轄税務署長に提出すること

したがって、「簡易課税制度選択届出書」が提出されていたとしても、基準期間における課税売上高が5,000万円を超える課税期間については本則により仕入控除税額を計算することになります。また、基準期間における課税売上高が5,000万円以下であり、かつ、「簡易課税制度選択届出書」が提出されている場合には、必ず簡易課税により計算しなければなりません。つまり、本則課税との有利選択は認められないということです。

【計算方法】

基準期間における課税売上高が5,000万円以下の事業者は、期限までに「簡易課税制度選択届出書」を提出することにより、売上税額から仕入税額を見積計算することができます（消法37①、消令57）。

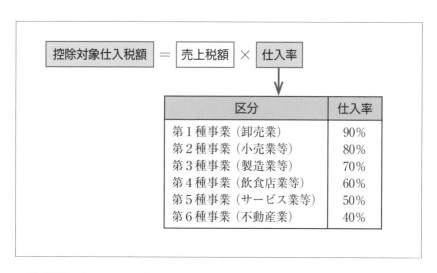

　建設業であれば原則として70％の仕入率を適用することができますので、実際の納付税額は売上高（税抜）の３％ということになります。

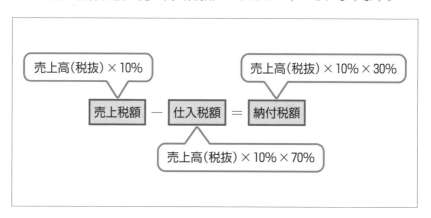

　ただし、元請業者から材料支給を受ける手間賃仕事などについては、70％の仕入率を使うことはできません。第４種事業として仕入率は60％に下がるので、納付税額は売上高（税抜）の４％になります。

【具体例】

> 　元請業者から材料支給を受ける下請業者の年間課税売上高（税込）が660万円の場合、納付税額は24万円になります。
>
> $$660万円 \times \frac{100}{110} = 600万円$$
>
> $$600万円 \times 10\% - 600万円 \times 10\% \times 60\% = 600万円 \times 4\% = 24万円$$

- 免税事業者が登録申請書を提出し、課税期間のその初日から「適格請求書発行事業者」になろうとするときは、課税期間の初日から起算して15日前の日までに登録申請書を税務署長に提出する必要があります。
- 令和5年10月1日から「適格請求書発行事業者」になろうとするときは、令和5年3月31日（6月30日又は9月30日）までに登録申請書を税務署長に提出する必要があります。
- 免税事業者が令和5年10月1日の属する課税期間中に登録を受ける場合には、「課税事業者選択届出書」の提出は不要です。
- 免税事業者が令和5年10月1日の属する課税期間から簡易課税制度の適用を受けようとする場合には、「簡易課税制度選択届出書」は課税期間の末日までに提出すればよいこととされています。

5 免税事業者の準備（1）

ハつぁん

俺が住んでるアパートの大家がインボイスの登録のことで相談にきたんだ。

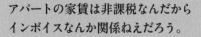
アパートの家賃は非課税なんだからインボイスなんか関係ねえだろう。

熊さん

実はアパートの他に駐車場や店舗も貸してるんだが、大家の野郎は課税事業者でもないくせに（ちゃっかりと）賃料に消費税を上乗せしている。「インボイス導入後も賃借人から消費税を貰っていいか？」って税務署に聞いたんだけど、教えてくれなかったもんで、俺の意見を聞きに来たというわけさ。

税金の申告をするわけじゃねえから税務署に聞くこと自体がそもそも間違ってるんじゃねえか？　常識的に考えて、登録もしねえくせに消費税を貰おうって根性がいけ好かねえ。賃借人にしてみれば、仕入税額控除もできないのに外税で消費税盗られたら納得しねえだろうが。

ということは、令和5年10月からは消費税分だけ家賃を値下げしなけりゃいけないって事になるのかい？　家賃はそのまま据え置きにしておいて、文句を言ってきたところだけ値下げするのはダメかいな？

（呆れながら）要は値決めの問題だから、店子が納得するなら幾らにしても構わないと思うぜ。ただ、「大丈夫です」と太鼓判を押すことはできねえな。

大家の話によるとだな、自分は免税事業者だからということで、昔は（真面目に？）消費税は貰わないで駐車場や店舗を貸してたらしいんだ。ところが立て続けに消費税が5％から8％、さらに10％へと引き上げになったもんだから「貰わにゃ損！」てことで、税率が10％になるのを節目に消費税の上乗せを店子にお願いしたということだ。

本当は免税事業者だなんてことは言ってねえんだろ？　店子はみんな納得してくれたのかい？

10万円の家賃を11万円に値上げさせてくれって交渉したら、「8％の消費税込みで10万円じゃないんですか？」って言ってきた店子がいたらしいぜ。

嫌なこと言う人だね（笑）でも、それを言われたらどうにもならんわな。

そうなんだよ…。それで仕方なしに10万円を$\frac{110}{108}$で割り戻してちょっとだけ値上げさせてもらったということなんだ。

涙ぐましいねぇ…。結局は消費税というより値決めの問題ということなんだな。

解説

◈インボイス類似書類とは？

インボイスが導入される令和5年9月30日までの間は、免税事業者との取引であっても仕入税額控除の対象とすることができます。こういった理由から、免税事業者が発行する区分記載請求書には、軽減税率の適用対象取引であることと、税率ごとの取引金額を記載することが義務付けられています。

消費税の軽減税率制度に関するQ＆A（個別事例編）問111には、『…免税事業者は、取引に課される消費税がないことから、請求書等に「消費税額」等を表示して別途消費税相当額等を受け取るといったことは消費税の仕組み上、予定されていません。』との記載がされています。しかし、免税事業者が別途消費税相当額を受け取ることは法令などで禁止されていないため、現実の商取引においては、免税事業者でも外税で消費税相当額を受領しています。

令和5年10月以降は、免税事業者が消費税相当額を記載した書類を発行した場合、インボイス類似書類の発行として罰則が適用される可能性はあるのでしょうか…？（消法65①四）。

ただ、この「インボイス類似書類」の具体例のようなものが公表されていないので、実際にどういった表示が認められ、どのような表示が禁止されるのかがよくわかりません。

「家賃10万円、消費税等1万円」という表示はダメで、「家賃11万円」という表示は認められるのか…「家賃11万円（消費税等1万円を含む）」という表示はどうなるのかがわからないのです…。

総額表示義務の具体例のようなものが課税庁から公表されるのを待ちたいと思います。

◈転嫁対策特別措置法・下請法との関係はどうなる？

　令和3年3月31日に失効した転嫁対策特別措置法では、納入業者などに対する減額や買い叩きが禁止されていました。具体例を示しますと、消費税率が8％から10％に引き上げになる際に、免税事業者が取引価格を10,800円から11,000円に引き上げることがこの法律により容認されていたのです。

　では、この転嫁対策特別措置法を準用？して、インボイス導入後も免税事業者が価格に消費税を転嫁することができるかということですが、これはまた違う次元の話ではないかと思うのです（私見）。転嫁対策特別措置法は令和3年3月31日をもって失効したわけですから、非登録事業者に対し、消費税相当額を支払わないのはある意味当然のことではないかと思えるのです。

　免税事業者のインボイス制度への対応については、令和4年1月19日、財務省・公正取引委員会・経済産業省・中小企業庁・国土交通省が連名で「免税事業者及びその取引先のインボイス制度への対応に関するQ＆A」という資料を公表しています。公正取引委員会から昨年公表された「消費税転嫁対策特別措置法の失効後における消費税の転嫁拒否等の行為に係る独占禁止法及び下請法の考え方に関するQ＆A」よりは多少まともになったものの、名だたる省庁が連名で公表したQ＆Aの割にはいまひとつパンチに欠けると感じているのは決して著者だけではないと思います。

　結局のところ、最後は値決めの問題ということなのでしょうか…顧客が納得するような価格の表示方法、元請と下請どちらもが納得するような値決めの方法を模索していくしかないものと思われます。

◈不動産賃貸業は登録して簡易課税を選択

　免税事業者である不動産賃貸業者が賃借人から消費税相当額を受領している場合には、インボイスの登録申請をした上で簡易課税制度の適用

を受けることをお勧めします。不動産賃貸業者の必要経費は固定資産税や借入金利子、減価償却費など、課税仕入れとならないものが大半を占めています。簡易課税制度の適用を受けることにより、40％のみなし仕入率を適用することができますので、消費税相当額を値引きするより手取額は増えるものと思われます。

(注) 令和５年10月１日〜令和８年９月30日の属する課税期間については「２割特例」の適用を受けることができます（180頁参照）。

【具体例】

> 事務所家賃10万円、消費税１万円を賃借人から受領している免税事業者は、インボイスの登録をしない限り、１万円の消費税相当額を受領することは難しいものと思われます。インボイスの登録をして簡易課税制度の適用を受けることにより、手残り金額は10万4,000円となります。
>
> $$1万円 － 1万円 × 40\% ＝ 6,000円 \cdots 納付税額$$

ポイント

- 免税事業者が価格に消費税相当額を転嫁することについては、取引先の仕入税額控除の問題や商取引の常識からみても無理があるように思われます。また、非登録事業者が領収書や請求書に外税で消費税相当額を記載した場合には、インボイス類似書類に該当して罰則の対象となる可能性があります。
- インボイス類似書類の具体的例示については公表されていません。
- 免税事業者である不動産賃貸業者などは、登録をした上で簡易課税制度の適用を受けることも検討（試算）する必要があります。

6 免税事業者の準備（2）

商店街の角にある八百屋のおっさんが消費税を払わなきゃいけねえって泣いてたぜ。

売上が1,000万円を超えたんで、来年から課税事業者になるってことだろ？ 儲かってるんだから何も泣くこたぁねえだろうが。

どうもそういうことじゃねえらしいぜ。八百屋は売上が1,000万円もないんで消費税の申告なんか一度もしたことはねえんだ。近所の奥様方を相手に商売してるんでインボイスの登録も他人事だと思ってたんだが、商店街の会長さんから「商店街で商売している組合員の皆さんはすべてインボイスの登録をしてください」と言われたらしいんだ。

会長命令だったら逆らえねえな（笑）

インボイスがないと仕入税額控除ができないことはわかるんだが、現実問題として、八百屋で買い物をする奥様方はインボイスなんか使わねえだろう？

41

確かにそうだよな。奥様方が夕飯の食材を買って家計簿付けるのにインボイスなんか必要ねえもんな。でも、喫茶店のマスターなんかはどうだい？サンドイッチ用のレタスとか買ったらインボイスが必要になるんじゃねえか？

この間コーヒー飲みながらマスターと世間話してたんだが、マスターのお店は売上が1,000万円を前後してるんで、消費税は申告する年としない年があるらしい。何でも簡易課税の届出書を出してあるんで、消費税を払う年はこの簡易課税って方法で申告しているということだ。

簡易課税だと、喫茶店は確か売上高の60％を仕入とみなして申告できるんだ。そうすると、インボイスなんかなくっても特段問題なさそうだな。

解説

※インボイスの登録が必要な免税事業者とは？

　インボイス制度がスタートすると、原則としてインボイスの保存が仕入税額控除の要件となります。ただし、インボイスが導入されたからといって、すべての免税事業者が事業の継続に支障を来すわけではありません。地元商店街の八百屋さんや魚屋さん、床屋さんなどでインボイスを要求するお客さんなどほとんどいないはずです。よって、インボイス

制度が導入された後でも免税事業者のまま商売を続けていけるものと思われます。

また、仮に課税事業者との取引があったとしても、相手が簡易課税制度の適用を受けている場合には、インボイスは必要ありません。インボイスの登録申請が始まり、様々なところで誤解があるようですが、免税事業者は、まずは自分が登録が必要な事業者なのかどうかということを冷静に判断する必要があります。（会長さんの発言のような）中途半端な風評に惑わされ、制度の内容も理解しないままに登録するようなことのないように十分に注意してください。

インボイスの登録をして適格請求書発行事業者になるということは、課税事業者を選択して納税義務者になるということです。よって、インボイスの登録をした限りはどんなに売上が少なかろうが、取消届出書を提出しない限りは永久に納税義務は免除されないのです。まずはしっかりとインボイス制度について理解することが重要です。その上で、免税事業者は、自らが登録が必要な事業者なのかどうかということを、本番が始まる前に冷静に判断してください。

◈インボイスがなくても控除ができる！

免税事業者や消費者のほか、課税事業者でも登録を受けなければインボイスを発行することはできません。そこで、インボイスがない課税取引については、期間の経過に応じて一定の金額を仕入税額として控除することを認めることとしています。

この場合には、区分記載請求書等保存方式の適用期間において要件とされていた「法定事項が記載された帳簿及び請求書等の保存」が必要となります。また、帳簿には「80％控除対象」など、この経過措置の適用を受けたものである旨を、あわせて記載することとされていますが、

「※」や「☆」などの記号で表示し、これらの記号が経過措置の適用を受ける課税仕入れである旨を別途表示するような簡便的な記載方法でもよいこととされています（平成28年改正法附則52、53・インボイスＱ＆Ａ問99）。

期間	「非登録事業者」からの課税仕入れの取扱い
～令和５年９月30日	「課税仕入れ等の税額×100％（全額）」を仕入控除税額の計算に取り込むことができる
令和５年10月１日～ 令和８年９月30日	「課税仕入れ等の税額×80％」を仕入控除税額の計算に取り込むことができる
令和８年10月１日～ 令和11年９月30日	「課税仕入れ等の税額×50％」を仕入控除税額の計算に取り込むことができる
令和11年10月１日～	「適格請求書発行事業者以外の者」からの課税仕入れは、原則として全額仕入税額控除の対象とすることはできない

◈令和４年度税制改正と免税事業者に対する経過措置

　免税事業者のような適格請求書発行事業者でない者（非登録事業者）からの課税仕入れについては、令和５年10月１日から令和８年９月30日までは課税仕入高の80％、令和８年10月１日から令和11年９月30日までは課税仕入高の50％を仕入控除税額の計算に取り込むことが認められています（平成28年改正法附則52、53）。

　よって、免税事業者はこの経過措置も考慮に入れながら、登録の必要性と資金繰りを天秤にかけ、取引先との価格交渉に当たらなければなりません。つまり、登録の是非を慎重に判断する必要があるということです。

　令和4年度改正では、免税事業者が登録の必要性を見極めながら柔軟なタイミングで適格請求書発行事業者となれるようにするため、令和5年10月1日の属する課税期間だけでなく、令和5年10月1日の属する課税期間から令和11年9月30日の属する課税期間においても、「課税事業者選択届出書」を提出することなく、登録申請書を提出することにより、適格請求書発行事業者となることを認めることとしました。また、年又は事業年度の中途から登録をすることもできます（平成28年改正法附則44④）。

【具体例】

　個人事業者であれば、登録申請書を提出することにより、令和5年から令和11年分までの任意の年（課税期間）について適格請求書発行事業者になることができます。また、令和6年10月1日といったように、年の中途からの登録も認められます。

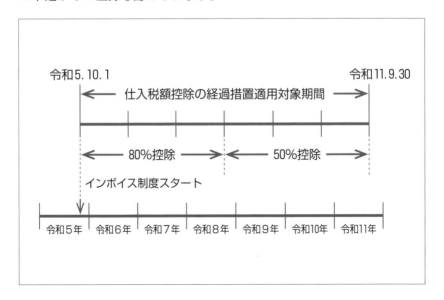

　簡易課税制度についても、令和5年10月1日の属する課税期間から令和11年9月30日の属する課税期間において登録する免税事業者については、登録日の属する課税期間中に「簡易課税制度選択届出書」を提出することにより、その課税期間から簡易課税により仕入控除税額を計算することができます。

- 免税事業者は、自分が登録の必要な事業者なのかどうかということを冷静に判断する必要があります。インボイスの登録をすると、取消届出書を提出しない限りは永久に納税義務は免除されません。
- 非登録事業者からの課税仕入れについては、令和5年10月1日から令和8年9月30日までは課税仕入高の80％、令和8年10月1日から令和11年9月30日までは、課税仕入高の50％を仕入控除税額の計算に取り込むことができます。
- 令和5年10月1日の属する課税期間から令和11年9月30日の属する課税期間については、「課税事業者選択届出書」を提出することなく、登録申請書を提出することにより、適格請求書発行事業者となることが認められます。また、年又は事業年度の中途から登録をすることもできます。
- 令和5年10月1日の属する課税期間から令和11年9月30日の属する課税期間において登録する免税事業者については、適用を受けようとする課税期間中に「簡易課税制度選択届出書」を提出することにより、提出日の属する課税期間から簡易課税により仕入控除税額を計算することができます。

7 登録番号

八つぁん

インボイスには「登録番号」ってのを
書かなきゃいけねえんだってな。

熊さん

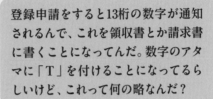

登録申請をすると13桁の数字が通知
されるんで、これを領収書とか請求書
に書くことになってんだ。数字のアタ
マに「T」を付けることになってるら
しいけど、これって何の略なんだ？

TAXの「T」じゃねえか？

「登録」あるいは「適格請求書」の
「T」かもしれねえぞ。

「とっても大変」の「T」ってのはどうだい（笑）

ところでインボイスの登録申請をすると
大体どれ位で申請が下りるんだい？

国税庁のホームページには、書面
で出したら2か月、電子の申請だ
と3週間くらいと書いてあるらし
いんだ。これって遠回しに「電子で
申請しろ」って言ってるんだよな。

デジタル庁もできたことだし、時代は正にIT化の推進に向けて突き進んでいるところだからな。電子申請が当たり前ということなんだろう。

アナログ人間の熊さんのセリフとは思えねえな（笑）ところで、登録申請ってのは税金を滞納してたりすると却下されることもあるのかい？

消費税法違反で罰金刑とか喰らってなければ、税金を滞納している程度だったら大丈夫みてえだぜ。安心して申請したらどうだい（笑）

俺は滞納なんぞしたことねえぞ（怒）俺のことよりアナログ人間の熊さんは電子申請なんてできるのかい？書面で申請するときは提出先は税務署じゃねえみてえだから気をつけな。

「インボイス登録センター」とかいうところに郵送するんだろ。東京国税局はなぜか千葉市にあるみてえだが、暫くの間は間違って税務署に送っても登録センターに転送してくれるらしいじゃねえか。

知り合いのトラさんが電子申請をしたんだが、うっかりして電子版登録申請書の☑欄のチェックを忘れたもんで、書面で通知が届いちまったんだ。国税庁も、もう少し丁寧に案内しないとダメだと思わねえか？

電子申請をした場合でも、チェックを忘れると書面通知になるということか…確かに切手代の84円は税金の無駄遣いだ。塵も積もれば山となる…会計検査院に国税庁を叱ってもらわないといけねえな（笑）

ところで、法人の登録番号ってのは法人番号と同じなんだってな。

ということは、法人は申請する前に自分の番号はわかってるわけだ。よっぽど変な奴？でない限りは登録は下りるわけだから、登録が下りる前にインボイスを発行してもよさそうだな。

登録が下りないと番号書いたらマズいんじゃねえか。たちの悪い会社だと、登録もしないでインボイスを発行してちゃっかり消費税を懐に入れちまう輩も出てくるかもしれねえじゃねえか。

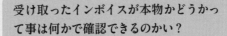
受け取ったインボイスが本物かどうかって事は何かで確認できるのかい？

国税庁のホームページに「インボイスの公表サイト」ってのがあって、ここで検索ができることになっている。13桁の番号を打ち込むと、相手の会社名や本店所在地が確認できるということだ。

打ち込んで何も出てこなかったら
インチキインボイスということだな？

江戸っ子はどうにも喧嘩っ早くていけねえや。
13桁の番号だから打ち間違ってる可能性もあ
るだろう…。通販で商品を注文するときのメー
ルアドレスじゃないけれども、何も出てこなかっ
たらもう一度ゆっくり打ってみたほうがいいん
じゃねえか？　それでも何も出てこなかったら…

「この野郎！　ニセモンじゃねえか」っ
てケンカを売っていいんだな？

登録前にフライングしてる可能性もあるだろう。
子供じゃねえんだからもう少し大人の対応をした
ほうがいいと思うぜ。

解説

◈登録番号の構成

　登録番号は、法人番号を有する法人と、法人番号のない個人事業者・
人格のない社団等に区分して次のような構成になっています。

　請求書等への表記に当たっては、半角か全角かは問いません。記載例
としては、「T1234567890123」あるいは「T－1234567890123」といっ
たような表記方法が想定されます（インボイス通達2－3・インボイス

Q & A問19)。

法人(法人番号を有する課税事業者)	個人事業者・人格のない社団等
「T」(ローマ字)＋法人番号(13桁)	「T」(ローマ字)＋数字 (13桁)

- 法人番号と重複しない事業者ごとの番号を用いる
- 個人事業者についてはマイナンバーは使用しない

◈登録番号はいつからインボイスに記載(表示)ができる？

　令和5年10月より導入されるインボイスには、税率区分ごとの合計請求額は、税込金額と税抜金額のいずれかを記載すればよいこととされています。

　一方で、区分記載請求書等には、税率区分ごとの税込請求金額の記載が必要とされていますので、請求書等の雛形を、税抜金額を記載したインボイスに変更した場合には、令和5年9月30日までの間は仕入税額控除の要件を満たさないことになってしまいます。

　そこで、たとえ税込金額が記載されていない請求書であっても、記載要件を具備したインボイスの保存があれば、仕入税額控除を認めることとしています(軽減税率Q & A（個別事例編）問109)。

　また、区分記載請求書に登録番号を記載することもできますので、令和5年9月30日以前に登録番号が通知されている場合には、登録番号を前もって請求書に記載しておくことで、スムーズにインボイスへの移行が可能となります(インボイスQ & A問66)。

　令和5年10月1日きっかりからインボイスに切り替える必要はありませんので、インボイスの雛形を事前に検討したうえで、適当な時期にフォーマットを変更していくことになるものと思われます。

請求書

㈱○○御中　　　　　令和○年 11 月 30 日

11 月分　131,200円(税込)

日付	品名	金額
11/1	小麦粉※	5,000 円
11/1	キッチンペーパー	2,000 円
:	:	:
合計 消費税		120,000円 11,200円

(10％対象　80,000円　消費税　8,000円)
(8％対象　40,000円　消費税　3,200円)

→ 税込取引金額の記載がなくてもOK！

※は軽減税率対象品目

△△商事㈱　　　登録番号Ｔ－×××××

→ 令和5年10月1日前でも記載OK！

◈登録番号はどうやって確認する？

　適格請求書発行事業者の氏名又は名称及び登録番号については、国税庁ホームページの「適格請求書発行事業者公表サイト」において登録後速やかに公表されます（消法57の2④⑪、消令70の5②）。

　マイナンバーとは異なり、誰でも閲覧することができますので、取得したインボイスに記載された登録番号が、本当に登録されているかどうかは、この公表サイトにアクセスすることにより確認することができます（インボイスQ&A問21）。

　なお、個人事業者が屋号や事務所等の所在地を公表する場合には、登録申請書とは別に、「適格請求書発行事業者の公表事項の公表（変更）申出書」を提出する必要があります。

- 書面によるインボイスの登録申請書は、所轄税務署ではなく、インボイス登録センターへ郵送することとされています。
- 電子版登録申請書で申請する場合には、☑ 欄へチェックすると電子（メール）で通知がくるのに対し、チェックをしないで送信すると書面で通知が届きます。
- 登録番号は令和5年10月1日前でも区分記載請求書に記載することができます。
- 受領したインボイスの発行先は、「適格請求書発行事業者公表サイト」により確認することができます。
- 個人事業者が屋号や事務所等の所在地を公表する場合には、「適格請求書発行事業者の公表事項の公表（変更）申出書」を提出する必要があります。

8 インボイスの記載事項

八つぁん

インボイスにはどんなことを
書かなきゃいけないんだ？

熊さん

区分記載請求書に追加で記載が
義務付けられたのが、税率ごとの
税額と登録番号だ。税率ごとの
税額はもともと書いてある請求
書もあるだろうから、全くご新規
に追加されたのは登録番号だけ
ということだ。

俺の知り合いにタクシーの運転手が
いるんだが、聞くところによると、タ
クシーの領収書なんかは税率と税額
のどちらか一方が書いてあればいい
みたいだな。あと、当たり前だが乗客
の会社名なんかも記載する必要はな
いらしい。

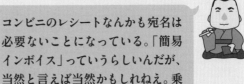
コンビニのレシートなんかも宛名は
必要ないことになっている。「簡易
インボイス」っていうらしいんだが、
当然と言えば当然かもしれねえ。乗
客から「レシートに会社名書いてく
れ」なんて言われたらタクシーの運
ちゃん怒るだろうからな（笑）

タクシー業界も利用客が減って経営も大変みてえだな。タクシーメーターをインボイス対応に切り替えると金がかかるんで、今のタクシーメーターをインボイス導入後も使うことができねえかって、タクシー会社の社長が真剣に悩んでいるらしいんだ。

確かインボイスってのは手書きでもいいハズだぜ。だったら乗客が「インボイスください」って言ってきたら、仕方がねえから登録番号とかの必要事項を運ちゃんがレシートに書き足せばいいんじゃねえか？

そんなインチキ臭せえ領収書なんざ渡すことできるわきゃねえだろう！

確かに手書きのインボイスはインチキ臭いわな。だったらゴム印でも作らせてみたらどうだろう…「T－×××　10％（税込）」っていう横長のゴム印を作っておいて、乗客から「インボイスください」って言われたらこのゴム印を押したレシートを渡せばいいだろう。日付と運賃、タクシー会社の名称はもともと書いてあるわけだから、ここにゴム印を押せば記載要件はクリアすることになる。ちょっとかっこは悪いけど、手書きのインボイスよりは遥かに見栄えがいいと思わねえかい？

ところで、個人タクシーなんかは免税事業者が多いだろうからこれから大変な時代になりそうだな。個人タクシーも登録申請して消費税払わなきゃいけねえのかねぇ…。

タクシーの利用客だって大変だぜ。うっかり免税のタクシーを拾ったりするとインボイスが貰えねえことになるわけだから、課税のタクシーを狙って手を挙げなきゃいけねえことになりそうだ。

課税のタクシーをどうやって見分けるんだい？

どうするんだろう…。タクシー業界が考えてくるんじゃねえか？ フロントガラスに「Ｔ」のシールを貼るってのはどうだい？ 乗客はシールを目印にタクシーを拾うんだ。

フロントガラスにシール貼ったんじゃあ夜は見えねえだろう…。

じゃあ表示灯の色を変えるってのはどうだい？

いわゆる行灯って奴だな。
確かにいいアイデアだ。

赤い行灯が課税で青い行灯が免税…
これだと信号機と逆になっちまうか…。

課税のタクシーを狙って手を挙げる
わけだから、青い行灯のタクシーを
課税にしたほうがよさそうだな。で
も、その前にまずはお客さんに表示
灯で区別しているってことを知って
もらわにゃいけねえ…。

瓦版に書いてあったんだが、東京都個人
タクシー協同組合は組合員の個人タク
シー事業主に登録の推奨をした結果、
組合員5,800人のうち9割超がインボイス
の登録申請をしたらしい（2022・12・3
日経朝刊）。タクシーを利用してもらう
ために苦渋の決断をしたということなん
だろうな…

飲み屋なんかはどうなるんだろう…。
入口に「暴力団お断り」なんて貼って
あるスナックとか見かけるけれども、
今後は「インボイスあります」なんて
貼り紙に変わるかもしれねえな（笑）

「インボイス始めました」のほうが
いいんじゃねえか（笑）

インボイス（適格請求書）とは、次に掲げる事項を記載した請求書、納品書その他これらに類する書類をいいます（消法57の4①、消令70の10）。

（記載事項）

① 　適格請求書発行事業者の氏名又は名称

② 　**登録番号**

③ 　取引年月日

④ 　取引内容（**軽減対象品目である場合にはその旨**）

⑤ 　税抜取引価額又は税込取引価額を**税率区分ごとに合計した**金額

⑥ 　**⑤に対する消費税額等及び適用税率**

⑦ 　請求書等受領者の氏名又は名称

（太字が追加項目）

　上記⑥の「消費税額等」とは、消費税額及び地方消費税額の合計額をいい、次のいずれかの方法で計算した金額とし、消費税額等の計算において1円未満の端数が生じた場合には、税率の異なるごとに当該端数を処理します。

$$\boxed{税抜価額} \times \frac{10}{100}\left(\frac{8}{100}\right) = 消費税額等$$

$$\boxed{税込価額} \times \frac{10}{110}\left(\frac{8}{108}\right) = 消費税額等$$

※消費税額等の端数処理は請求書単位で行いますので、複数の商品の販売につき、一の商品ごとに端数処理をした上で合計することはできませんが、端数処理の方法は、切上げ、切捨て、四捨五入などの任意の方法によることができます（インボイス通達3−12・インボイスQ＆A問48）。

（表示例１）税抜取引金額を表示するケース

⑦請求書等受領　→
　者の名称

請求書

(株)○○御中　　　　　令和○年11月30日　←③取引年月日
11月分　131,200円（税込）

日付	品名	金額
11/1	小麦粉　※	5,000円
11/1	キッチンペーパー	2,000円
:	:	:
合計 消費税		120,000円 11,200円

④取引内容

（10％対象　80,000円　消費税　8,000円）
（ 8％対象　40,000円　消費税　3,200円）

⑤～⑥ 税抜取
引金額・税率・
消費税額等

※は軽減税率対象品目

△△商事　　　　　　登録番号Ｔ－×××××　←②登録番号

↑
①適格請求書発行事業者の名称

（表示例２）税込取引金額を表示するケース

⑦請求書等受領　→
　者の名称

請求書

(株)○○御中　　　　　令和○年11月30日　←③取引年月日
11月分　131,200円（税込）

日付	品名	金額
11/1	小麦粉　※	5,000円
11/1	キッチンペーパー	2,000円
:	:	:
合計 消費税		120,000円 11,200円

④取引内容

（10％対象　88,000円（内消費税　8,000円）
（ 8％対象　43,200円（内消費税　3,200円）

⑤～⑥ 税込取
引金額・税率・
消費税額等

※は軽減税率対象品目

△△商事　　　　　　登録番号Ｔ－×××××　←②登録番号

↑
①適格請求書発行事業者の名称

◈様式に制約はありません！

インボイス（適格請求書）とは、登録番号などの法定事項が記載された書類の法律上の名称であり、実務で使用する書類にまでこの名称を用いる必要はありません。

中小企業であれば、手書きの領収書を交付しても何ら問題ありませんし、電話番号などで事業者が特定できる場合には、屋号や省略した名称を記載しても構いません。

また、一の書類に全ての事項を記載する必要もありませんので、納品書や請求書など、複数の書類全体で記載事項を満たしていれば、適格請求書として認められることになります（インボイス通達3－1・インボイスQ＆A問25、26、46）。

適格請求書に記載する売手（買手）の名称や登録番号、取引内容など

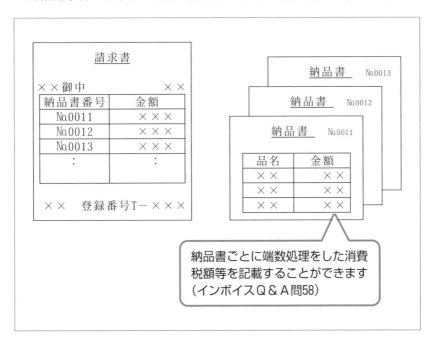

については、取引先コード、商品コード等の記号、番号等による表示によることもできますが、下記の①と②に注意する必要があります（インボイス通達3－3・インボイスＱ＆Ａ問47）。

① 売手が適格請求書発行事業者でなくなった場合のコード表の修正
② 売手が適格請求書発行事業者である期間の確認などの措置

❖ 簡易なインボイスもある！

　小売業、飲食店業、写真業、旅行業、タクシー業又は駐車場業等のように不特定多数を取引先とする事業を営む場合には、簡易インボイス（適格簡易請求書）を交付することができます。

　簡易インボイスは、
① 「請求書等受領者の氏名又は名称」を記載する必要がありません。
② 消費税額等または適用税率のいずれかの記載でよいこととされています。

　よって、スーパーやタクシーなどのレシートに登録番号、税率などを記載して、インボイスとして利用することができます（消法57の4②、消令70の11）。

（簡易インボイスの記載事項）

① 適格簡易請求書発行事業者の氏名又は名称

② 登録番号

③ 取引年月日

④ 取引内容（軽減対象品目である場合にはその旨）

⑤ 税抜取引価額又は税込取引価額を税率区分ごとに合計した金額

⑥ ⑤に対する<u>消費税額等</u>又は<u>適用税率</u>

両方記載することもできます（インボイスＱ＆Ａ問49）

（太字が追加項目）

（表示例１）消費税額等と適用税率を表示するケース

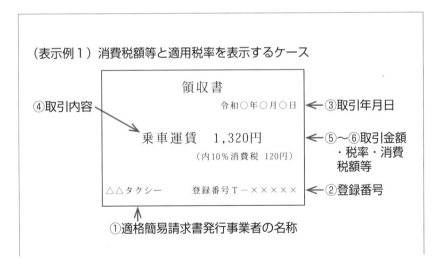

④取引内容

③取引年月日

⑤～⑥取引金額・税率・消費税額等

②登録番号

領収書

令和○年○月○日

乗車運賃　1,320円

（内10%消費税　120円）

△△タクシー　登録番号Ｔ－×××××

①適格簡易請求書発行事業者の名称

（表示例２）適用税率を表示するケース

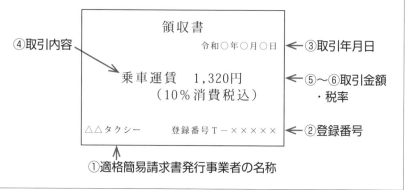

④取引内容

領収書

令和○年○月○日　←③取引年月日

乗車運賃　1,320円　←⑤〜⑥取引金額
（10％消費税込）　　・税率

△△タクシー　　　登録番号Ｔ－×××××　←②登録番号

①適格簡易請求書発行事業者の名称

・インボイスには、次の①〜⑦の事項を記載することとされて
います（太字が区分記載請求書への追加項目です）。

①　適格請求書発行事業者の氏名又は名称
②　**登録番号**
③　取引年月日
④　取引内容（軽減対象品目である場合にはその旨）
⑤　税抜取引価額又は税込取引価額を税率区分ごとに合計し
た金額
⑥　**⑤に対する消費税額等及び適用税率**
⑦　請求書等受領者の氏名又は名称

・簡易インボイスについては、上記⑥の記載事項のうち、いず
れかを記載すればよいこととされています。また、⑦の記載
は必要ありません。

・手書きのインボイスも認められます（インボイスＱ＆Ａ問26）。

・インボイスに記載する消費税額等は、インボイスの発行単位
で端数処理をします（単品ごとに端数処理をすることはでき
ません）。

9 委託販売の特例

八つぁん

日本橋の米問屋が闇米を売って派手に儲けてるって話だぜ。

熊さん

越後屋が米問屋から大量に米を仕入れて町民に法外な値段で売ってるらしいじゃねえか。越後屋も米問屋もさぞや派手に儲けていやがるんだろうな…。

それなんだけどもよ、どうも噂によると越後屋は米を仕入れてるんじゃなくて、米問屋から委託されて売ってるだけらしいんだ。越後屋に文句を言ったら「うちは米問屋さんから商品をお預かりして売ってるだけなんです。米問屋さんからは、ほんの僅かな手数料しか戴いておりません。」なんて抜かしていやがるんだ。実際はどうなんだろう…？

越後屋で売ってる米が米問屋の商品だったら、米問屋の名称でインボイスを発行しているはずだぜ。

そこがよくわからねえんだ。領収証には越後屋の名前が書いてあるんで「やっぱりお前さんが仕入れて売ってるじゃねえか」って言ったら「いえいえそれは違います。手前どもはあくまでも米問屋さんから頼まれて売ってるだけでございます。」って言い張るんだよ。「だったら何でお前さんとこの店名が書いてあるんでぇ」って凄んだら、よくわからねえけど米問屋がこれでいいって言ってるらしいんだ。

越後屋の領収証には登録番号が書いてあるのかい？

登録番号が書いてあったんで国税庁の公表サイトで検索してみたら、当たり前だけれども米問屋じゃなくて越後屋の名称が出てきやがった。ということは、もし越後屋の言うとおり受託販売取引だとしたならば、町の小料理屋なんかは越後屋のインボイスだと仕入税額控除ができねえことにならねえかい？

解説

◈媒介者交付特例

委託販売取引については、次の①及び②の要件を満たすことにより、受託者（越後屋）の名称や登録番号などを記載したインボイスを、委託者（米問屋）に代わって交付することができます（消令70の12・インボイス通達３－７、３－８・インボイスＱ＆Ａ問41）。

① 委託者と受託者のいずれもが適格請求書発行事業者であること
② 委託者が適格請求書発行事業者である旨を受託者に書面などで通知すること

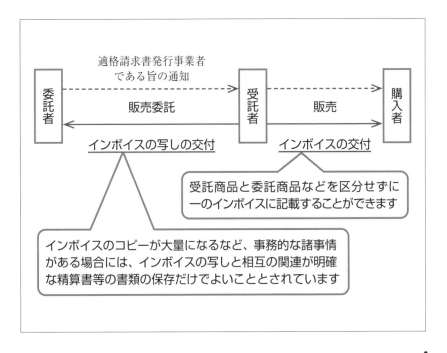

適格請求書発行事業者である旨の通知

委託者 → 受託者 → 購入者

販売委託　　販売

インボイスの写しの交付　　インボイスの交付

受託商品と委託商品などを区分せずに一のインボイスに記載することができます

インボイスのコピーが大量になるなど、事務的な諸事情がある場合には、インボイスの写しと相互の関連が明確な精算書等の書類の保存だけでよいこととされています

❖委託(受託)販売の売上(仕入)高(消基通10-1-12)。

委託販売については、委託者は受託者の手数料を控除する前の総額を売上高に計上し、手数料を仕入高に計上する方法（総額処理）が原則とされています。

ただし、課税期間中の委託販売取引のすべてについて、手数料控除後の金額を売上高に計上することも認められます（純額処理）。

また、受託者は原則として委託者から収受する手数料を売上高に計上しますが、委託者から課税取引のみを委託されている場合には、受託商品の販売金額を課税売上高とし、委託者への送金額を課税仕入高に計上することも認められます（総額処理）。

	委託者の取扱い	受託者の取扱い
原則	売上高と手数料を両建計上する（総額処理）	委託販売手数料を売上計上する
例外	統一適用を条件に、手数料控除後の金額を売上計上する（純額処理）	委託者から課税取引のみを委託されている場合には、受託商品の販売金額を課税売上高とし、委託者への送金額を課税仕入高に計上する（総額処理）

❖軽減税率対象品がある場合の取扱い(軽減通達16)

委託者の取扱い（純額処理×）	受託者の取扱い（総額処理×）
取扱商品が飲食料品などの軽減税率対象品の場合には、商品の売上高に適用される税率は軽減税率（8％）になるのに対し、受託者の手数料には10％の標準税率が適用されます。よって、手数料控除後の純額を売上高に計上することはできません。	取扱商品が飲食料品などの軽減税率対象品の場合でも、受託者の売上高（手数料）には標準税率（10％）が適用されます。よって、8％の軽減税率を適用して売上高と仕入高を両建計上することはできません。

- 委託販売取引については、委託者と受託者のいずれもが適格請求書発行事業者で、かつ、委託者が適格請求書発行事業者である旨を受託者に通知することを条件に、受託者の名称や登録番号などを記載したインボイスを、委託者に代わって交付することができます。

- 委託者の処理は総額処理が原則ですが、統一適用を条件に、純額処理も認められています。ただし、たとえ純額処理による場合であっても、受託者からインボイスを受領する必要があります（インボイスQ＆A問105）。

- 受託者の処理は純額処理が原則ですが、委託者から課税取引のみを委託されている場合には、総額処理も認められています。なお、総額処理による場合であっても、委託者への支払額について、インボイスを受領する必要はありません（インボイスQ＆A問106）。

- 飲食料品などの軽減税率対象品については、委託者は純額処理、受託者は総額処理を採用することができません。

10 農協特例

お百姓さんがインボイスの登録が
どうのこうのと騒いでるらしいぜ。

どこの農家も収穫した農作物はみんな農協に出荷し
てるみたいだな。昔と違って今や農協とお付き合いし
ないと農業はやってけない時代になったということだ。

農家は収穫した農作物を農協に依頼して販売
して貰うことになるんだが、ほとんどの農家は
農協に丸投げでお任せしているみたいだな。

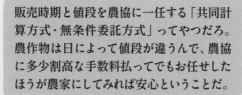

販売時期と値段を農協に一任する「共同計
算方式・無条件委託方式」ってやつだろ。
農作物は日によって値段が違うんで、農協
に多少割高な手数料払ってでもお任せした
ほうが農家にしてみれば安心ということだ。

どうやら騒いでるのは免税の農家らしいんだ。免税の
農家はインボイスの登録をしないと「媒介者交付特例」
が使えないんで、受託者である農協がインボイスを発行
することができないことになる。農協に農作物を買い
取って貰えるかというと、インボイスも貰えないような小
さな農家からリスク覚悟で農作物を仕入れることなど
十中八九あり得ない。免税の農家は結局のところ、イン
ボイスを発行しないと農協に相手にして貰えないんで、
農業を継続するためにインボイスの登録をして納税して
いくしか生きる術はないということなんだろうな…。

無農薬の野菜なんてのが近頃は人気があるらしいじゃねえか。有名レストランなんかでも「当店では契約農家から仕入れた有機栽培の食材のみを使用しています」なんてのを宣伝文句にしているところがある。「無農薬栽培」とか「有機栽培」なんかを売りにしている農家だったらインボイスなしでも商売になるかもしれねえ。

いつまでも全中や全農に牛耳られているようじゃ日本の農業に未来はねえからな。

ところで、どうでもいいことだが「無農薬栽培」と「有機栽培」は定義が違うって知ってたかい？

◈農協特例

　令和5年10月1日以降は、原則として法定書類の保存が仕入税額控除の絶対条件となりますが、ここで注意したいのが、農業協同組合等が委託を受けて行う農林水産品の譲渡等について作成する書類の取扱いです。無条件委託方式かつ共同計算方式により、農業協同組合等が委託を受けて行う農水産品の譲渡等については、生産者である農家等はインボイスの交付義務が免除されています（消令70の9②Ⅱロ、消規26の5②）。

　これを受け、農業協同組合等が生産者から委託を受けて行う農林水産品の譲渡等について作成する書類は、販売者である生産者が発行するも

のではありませんが、法定事項が記載されていることを条件に、インボイスと同じ効力があるものとして取り扱われます。

※無条件委託方式と共同計算方式

　「無条件委託方式」と「共同計算方式」は、農業協同組合だけでなく、漁業協同組合でも利用されている契約方式ですが、ここでは農業協同組合を例にとって説明することとします（参考文献：JAグループ神奈川ホームページ・DHCコンメンタール2－2　5060の59）。

	内容	具体例
無条件委託方式	農業者がJAに対し、売値、出荷時期、出荷先等の条件を付けずに販売を委託することをいいます。	Aが、トマトをJAに出荷する場合、その売る値段、時期、販売先について指定することなく、JAの自由判断に任せます。JAはトマトを大量に集め、計画的に出荷することで有利な価格を実現することを狙いとするものです。
共同計算方式	農産物は同じ品質でも、日別、市場別により価格差が出るため、一定の時期内で、農産物の種類、品質、等級などの区分ごとの平均価格で組合員に精算する計算方法をいいます。 　共同計算方式は、非常に高値もない代わりに、不利になることもなく、価格が安定するため農業者は安定的な経営が行えるというメリットがあります（消令70の9②Ⅱロ、消規26の5②）。	Bのキュウリが1箱1,000円、Cの同じ品質のキュウリが翌日出荷したら800円だったとします。この場合、二日間の価格を平均してBも、Cも900円を受け取ることになります （（1,000円＋800円）÷2＝900円）。

◈卸売市場の特例

　下記①〜③の卸売市場における取引では、出荷者や委託者のインボイスの交付義務が免除されていることから、卸売市場の名称で発行されたインボイスにより仕入税額控除が認められます（消令49⑤）。

① 　農林水産大臣の認定を受けた中央卸売市場
② 　都道府県知事の認定を受けた地方卸売市場
③ 　農林水産大臣の確認を受けた卸売市場（①及び②に準ずる卸売市場）

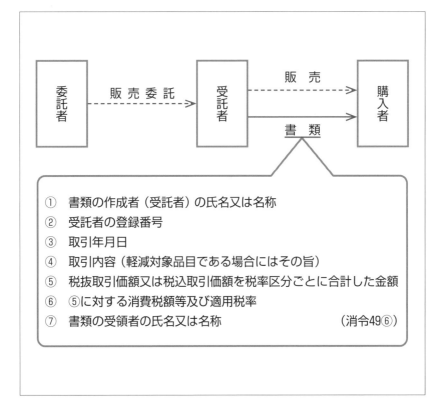

◈農協特例と媒介者交付特例

　注意したいのは、農業協同組合等は、生産者の納税義務の有無にかかわらず、法定書類の発行ができるということです。媒介者交付特例の場合には、委託者と受託者のいずれもが適格請求書発行事業者であることが書類発行の要件とされていましたが、農業協同組合等が生産者から委託を受けて行う農林水産品の販売について作成する書類は、媒介者交付特例により発行する書類とは別のものであり、委託者（生産者）が適格請求書発行事業者であることは要件とされていないのです。

　結果、免税事業者である生産者から直売で購入した農作物は仕入税額控除の対象とならないのに対し、免税事業者から購入した農作物でも、下記①と②の要件を満たすものであれば、農協というフィルターを経由して購入することで、仕入税額控除の対象とすることができることになります。

---

①　無条件委託方式かつ共同計算方式による販売であること
②　生産者を特定せずに販売するものであること

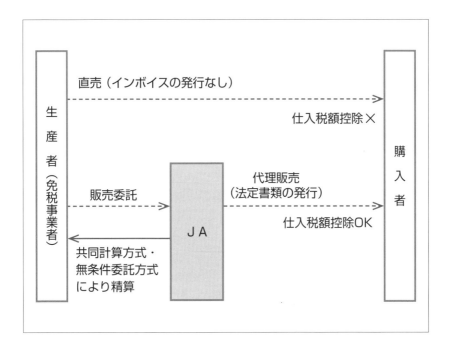

　免税の農家や漁師さんは、農協特例の適用を受けるのであれば、わざわざインボイスの登録をして無駄な税金を払う必要はありません。免税の農家や漁師さんは、この「農協特例」という制度をしっかりと理解した上で、インボイスの登録の必要性について判断する必要がありそうです。

❖JA・卸売業者・仲卸業者の関係

　生産者が生産した農作物などは、JAや卸売業者を経由して小売業者や飲食店に販売されます。各事業者のインボイスについては下図のように取り扱うこととなります。

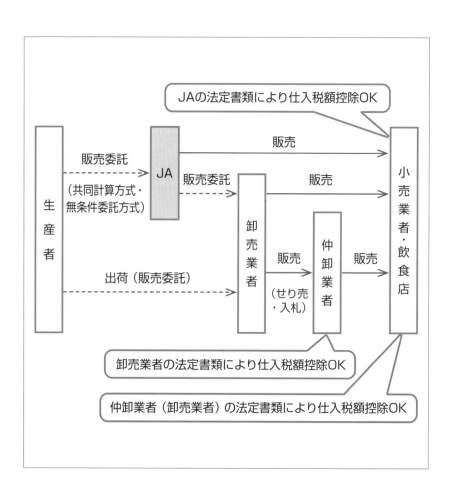

- 無条件委託方式かつ共同計算方式により、農業協同組合等が委託を受けて行う農林水産品の譲渡等については、生産者である農家等はインボイスの交付義務が免除されています。よって、農業協同組合等の名称で発行されたインボイスにより仕入税額控除が認められます。

- 中央卸売市場などにおける取引では、出荷者や委託者のインボイスの交付義務が免除されていることから、卸売市場の名称で発行されたインボイスにより仕入税額控除が認められます。

- 免税の農家や漁師さんは、「農協特例」を理解した上で、インボイスの登録の必要性について判断する必要があります。なお、農協特例に関する免税事業者の取扱いについては、「国税庁インボイス制度に関するQ＆A」にはいっさい解説がありません。

11 仕入税額控除の要件

八つぁん

令和5年3月6日に、中古マンションの売買事例で最高裁判決があったのを覚えているかい？

熊さん

ムゲンエステートとエー・ディー・ワークス事件のことだろ。瓦版？で読んだんでよく覚えているぜ。

令和2年度の改正で落ち着いたのはいいんだけれども、知り合いの不動産屋が中古物件の仕入税額控除のことで何やら悩んでるみたいなんだ。

どういうことだい？

中古の居住用物件は、サラリーマンなんかから購入することが多いんだが、インボイスの時代になると、当然のことながらサラリーマンはインボイスを発行することができないんで、仕入税額控除もできないことになる。不動産屋は「消費税の負担で儲けが吹き飛んじまう…。」って頭を抱えているわけさ。

俺の知り合いの質屋も同じようなことを言ってたぜ。質屋に質草持って金借りに来るような奴は当然にインボイスの登録なんかしているわけがない。ご多分に漏れずに金が返せなくて質流れとなれば、今までは質草を貸金の額で購入したことにして仕入税額控除ができたわけだが、インボイスの時代になるとこれができなくなる。「今後は怪しい奴には金は貸せねえ」って質屋の野郎が言ってたぜ。

質屋に金借りに来る奴で怪しくない奴っているのかい（笑）

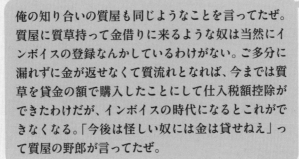

インボイスの保存要件には3万円基準みたいなのはないんだよな。たとえ100円の経費でも原則としてインボイスの保存が必要になる…。面倒くせえ時代になったもんだ。

コインパーキングなんかはレシートが出てくるからまだいいとして、自動販売機で買物をしたときはどうしたらいいんだろう…。

自動販売機を改良してレシートが出てくるようにするんじゃねえか？

電車の短距離切符なんかはどうするんだろう…。

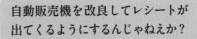

業務用のスイカで電車を利用した場合には、業務用の郵便切手みたいにスイカのチャージ金額を控除していいんじゃないのか？

 どうだろう…間違いなく電車代に充ててるなら
いいような気がするけど、たまにこっそりとスイ
カで牛丼とか喰ってたりしたらダメだよな（笑）

解説

　仕入税額控除の適用を受けるためには、インボイスだけでなく、法定
事項が記載された帳簿の保存も必要とされています（消法30⑦～⑨）。

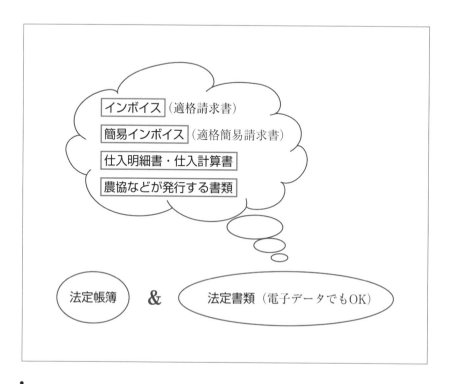

インボイス（適格請求書）

簡易インボイス（適格簡易請求書）

仕入明細書・仕入計算書

農協などが発行する書類

法定帳簿　&　法定書類（電子データでもOK）

◈帳簿の記載事項

帳簿には下記①～④の事項を記載することとされています。

---

① 仕入先の氏名又は名称

② 取引年月日

③ 取引内容（軽減税率対象品目である旨）

④ 取引金額（対価の額）

帳簿の記載事項は、区分記載請求書等保存方式により令和元年10月1日から義務付けられているものから変更はありません。要するに、区分記載請求書等の記載義務を令和5年10月1日以後も継続するということです。インボイスの登録番号を帳簿に記載する必要はありません。

◈帳簿の保存のみで仕入税額控除が認められるケース

次に掲げる課税仕入れについては、その課税仕入れを行った事業者において適格請求書等の保存を省略することができるので、下記の①～⑩に該当する旨などを記載した帳簿のみの保存により、仕入税額控除が認められることになります（消令49①⑦、消規15の4）。

---

① インボイスの交付義務が免除される公共交通料金（3万円未満のものに限る）

② 簡易インボイスの要件を満たす入場券等が使用の際に回収されるもの

③ 古物営業者が適格請求書発行事業者でない消費者などから買い受ける販売用の古物

（例）中古自動車の販売業者がサラリーマンから下取りする中古自動車

など

④　質屋が適格請求書発行事業者でない消費者などから買い受ける
　　販売用の質草

⑤　宅地建物取引業を営む者が適格請求書発行事業者でない消費者
　　などから買い受ける販売用の建物

⑥　適格請求書発行事業者でない者から買い受ける販売用の再生資
　　源又は再生部品

⑦　自動販売機から購入したもの（3万円未満のものに限る）

　　㊛　ATMは自動販売機として取り扱われますので、ATMでの振込手数
　　　料はインボイスが不要となります。ただし、ネットバンキングはインボ
　　　イスが必要となりますのでご注意ください。

⑧　郵便ポストを利用した配達サービス料金

⑨　出張旅費、宿泊費、日当、転勤支度金（インボイス通達4－9・
　　インボイスQ＆A問95）

⑩　通勤手当（インボイス通達4－10・インボイスQ＆A問96）

　なお、課税仕入れに係る支払対価の額の合計額が3万円未満の場合、
請求書等の交付を受けなかったことについてやむを得ない理由がある場
合には帳簿の保存のみで仕入税額控除が認められていますが、この措置
については原則として廃止となります（旧消令49①）。

　3万円基準が使えるのは、上記①の公共交通料金と⑦の自動販売機の
利用だけとなることにご注意ください。

◈少額特例

　基準期間における課税売上高が1億円以下又は特定期間における課税

売上高が5,000万円以下の事業者については、税込課税仕入高が1万円未満の少額取引について、インボイスの保存義務を免除することとなりました（**平成28年改正法附則53の2、平成30年改正令附則24の2**）。

　この制度は、固定資産の譲渡など、臨時の課税売上高が発生したことにより一時的に基準期間における課税売上高が増加した場合に備え、特定期間における課税売上高により判定することも認めたものと思われます。よって、基準期間における課税売上高が1億円を超えていても、特定期間における課税売上高が5,000万円以下であれば適用することができます。ただし、特定期間における課税売上高に代えて給与等の支払額を用いることはできません。

　「少額特例」は課税期間単位ではなく、令和5年10月1日から令和11年9月30日までの間に国内において行う課税仕入れについて適用することができます。よって、個人事業者の令和11年の取引であれば、1月1日から9月30日までの間は少額特例が適用できるのに対し、10月1日以降の取引については、たとえ1万円未満の経費でも原則としてインボイスの保存が必要となりますのでご注意ください。

- 仕入税額控除の適用を受けるためには、法定帳簿とインボイスなどの法定書類の保存が必要です。

- 法定書類は電子データによる保存も認められます。

- ３万円未満の公共交通料金や自動販売機での買い物、販売用の古物・質草・建物などの仕入れ、出張旅費や通勤手当などについてはインボイスの保存は必要ありません。

- 支払金額が３万円未満であっても原則インボイスの保存は必要です。

- 基準期間における課税売上高が１億円以下又は特定期間における課税売上高が5,000万円以下の事業者については、税込課税仕入高が１万円未満の少額取引について、令和５年10月１日から令和11年９月30日までの期間限定でインボイスの保存義務を免除することとなりました。

12 立替金と口座振替家賃

八つぁん

この間赤提灯で立て替えた飲み代そろそろ払って貰えねえかい？

熊さん

何言ってやがんでぇ！飲み代なんざ立て替えて貰った記憶なんざねえぜ。

テメエこそ何言ってやがんでぃ！「今月はちと懐が寂しいんで八つぁん頼むよ」って拝み倒してきたのはどこのどいつだよ。

あの日はグデグデに酔っ払ってたからな…。あんたがそこまで言うんなら多分立て替えて貰ったんだろう。わかった。払うよ。払うけれども、もうちょっとだけ待って貰えねえかな…。実は家賃を長いこと滞納してたもんで、今月こそ大家に家賃を払わねえといよいよ追い出されそうなんだ。

（呆れながら）どうしようもねえ野郎だな。仕方ねえ。暫く待ってやるから給金貰ったら耳を揃えて返してくれよ。

ところで、話は変わるけれども、事業者間で経費を立て替えて貰ったときってのは、仕入税額控除はできるのかい？ 領収書には立て替えた方の名称が書いてあるんで記載要件を満たさないことになるんじゃねえかと気になってんだ。

確かに理屈の上ではその通りだが、立替金だという事実が証明できれば問題はねえと思うぜ。

それよりも俺が気になってるのは家賃に対するインボイスの取扱いだ。熊さんが滞納している住宅家賃なら非課税だから問題ねえんだが、俺が借りてる店舗の家賃なんかは消費税が課税されている。家賃は毎月銀行から自動引き落としになっているんで、大家からは今まで一度も領収書は貰ったことがねえんだ。インボイスの時代になったら大家は毎月インボイスを郵送してくると思うかい？

あの大家は「雨漏りがしてる」って苦情を言ってもなかなか動こうとしねえふてえ野郎だ。インボイスの時代になったからといって毎月マメにインボイスを送ってくるとはとても思えねえ。ひょっとしたらあらかじめ1年分作成しておいて「勝手に使え」とか言ってくるような気がするな。

解説

❊立替金の精算

　他の者が立替払をした経費などの精算については、他の者が受領したインボイスのコピーとともに、立替金精算書等の書類の保存を要件に仕入税額控除を認めることとしています。この場合において、他の者（立替者）が適格請求書発行事業者であるかどうかは問いません。

　なお、インボイスのコピーが大量になるなど、事務的な諸事情がある場合には、立替金精算書等の書類の保存だけでよいこととされています（インボイス通達4－2・インボイスQ＆A問84）。

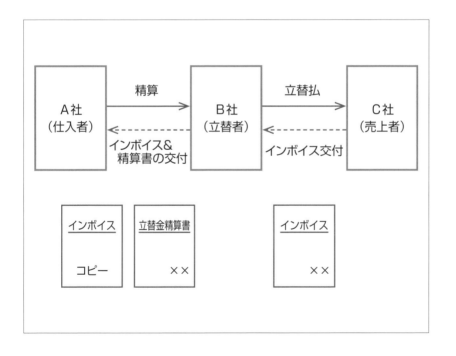

❖口座振替（振込）家賃の取扱い

口座振替や振込により決済される家賃については、登録番号などの必要事項が記載された契約書とともに、日付と金額が印字された通帳を保存することにより、インボイスの発行を省略することができます。

また、登録番号などの必要事項が記載されていない令和5年9月30日以前の契約書については、登録番号などの不足している情報を記載した書類を作成して保存することも認められます。

なお、不動産の賃貸借のように請求書等が発行されない取引については、中途で貸主が適格請求書発行事業者でなくなることも想定されますので、国税庁のホームページ（公表サイト）で貸主の状況を確認したうえで仕入控除税額の計算をする必要があります（インボイスＱ＆Ａ問85）。

インボイスの記載事項	記載書類
① 適格請求書発行事業者の氏名又は名称	契約書
② 登録番号	契約書
③ 取引年月日	通　帳
④ 取引内容	契約書
⑤ 税率区分ごとに合計した取引金額	通　帳
⑥ ⑤に対する消費税額等及び適用税率	契約書
⑦ 請求書等受領者の氏名又は名称	契約書

(注) 不動産の賃貸借契約書では、契約家賃の額を「1か月××円（消費税別途）」と記載しているものをよく見かけますが、この記載方法では法定要件をクリアしたことにはなりません。上記⑥の適用税率と消費税額の記載が要件となりますので、新たに契約書を作成する場合はもとより、追加書類を作成する場合にも記載漏れがないように注意する必要があります。

- 立替経費などの精算については、受領したインボイスのコピーとともに、立替金精算書等の書類を保存しておけば仕入税額控除が認められます。この場合において、他の者（立替者）が適格請求書発行事業者であるかどうかは問いません。

- 口座振替や振込により決済される家賃については、登録番号などの必要事項が記載された契約書とともに、日付と金額が印字された通帳を保存することにより、インボイスの発行を省略することができます。

- 不動産の賃貸借のように請求書等が発行されない取引については、中途で貸主が適格請求書発行事業者でなくなることも想定されますので、国税庁のホームページ（公表サイト）で貸主の状況を確認したうえで仕入控除税額の計算をする必要があります。

13 共有物

八つぁん

熊さんの妹の禰豆子ちゃんは確か下町の呉服問屋に嫁に行ったんだよな。てえした玉の輿じゃねえか。さぞかし裕福な暮らしをしてるんだろうねぇ。

熊さん

そうでもねえみてえだぜ。気位の高い鬼のような姑と小姑に毎日いじめられて肩身の狭い思いをしているらしいんだ。

そりゃ気の毒な話だな…。世の中、金がありゃいいってもんでもねえんだな。俺らみたいに年がら年中スカンピンてのも困るけど…（笑）

禰豆子の話によるとだな、税金対策とかで貸倉庫の所有権が禰豆子と旦那の共有になってるらしいんだ。旦那の方は呉服問屋の主だから所得税も消費税もたんまり払わなくちゃいけねえんだが、禰豆子は旦那の事業専従者で、収入といえば専従者給与とこの賃貸物件の家賃収入しかねえ。給料も家賃も名義こそ禰豆子になっているものの、事実上、姑が管理しているから好きに使える金なんぞねえんだよ。

所得税は超過累進税率だからな。専従者給与を払ったり家賃を分散させたりして所得税の税率を低くする作戦だ。金持ちは何かと大変ですな（笑）

ところで襧豆子ちゃんは貸店舗の家賃については消費税の申告はしているのかい？

免税事業者だから消費税の申告は必要ねえらしいんだが、実はここでちょっと困った問題がでてきてるみたいなんだ。

インボイスの時代になったら大家が店子にインボイスを発行することになるんだが、実務では登録番号や消費税額が記載された契約書と、日付や家賃が印字された通帳があればインボイスの発行は不要となっている（インボイスQ＆A問85）。

でも、襧豆子は消費税の免税事業者だからそもそもインボイスの登録なんかしねえと思うんだ。そうすると、旦那と襧豆子はそれぞれ別に契約書を作成しないとダメなのかい？

別々に契約書を作ったとしても問題あるような気がするな。月額の家賃は幾らなんだい？

建物の持分割合が2分の1ずつで、家賃の合計額は100万円だ。ここに10％の消費税を乗っけて110万円貰ってるらしい。

家賃が50万円ずつで、旦那の方だけ消費税を上乗せすると家賃の合計は105万円になる。

（50万円＋50万円×10％）＋50万円＝105万円

店子が銀行口座に105万円振り込んでくるとしたら、「税率ごとに合計した取引金額」つまり旦那の取り分の55万円が通帳に印字されてないことになるんで、Q＆Aとやらに書いてある簡便法は使えなくなると思わねえかい？

嫌なこと言うねぇ…。でも言われてみれば確かにその通りだな。店子に「50万円と55万円を別々に振り込んでくれ」なんて頼むわけにもいかねえから、こんなときは原則どおり毎月インボイスを発行するしかねえんだろうな…。

旦那だけインボイスを発行するのかい？旦那だけ領収証（インボイス）を発行するのも変だから、禰豆子ちゃんも領収証を出したほうがいいと思うぜ。ただしこっちはインボイスじゃなくて普通の領収証だ。

なにが何だかわかんなくなりそうだな…。
1枚の領収証で内訳をちゃんと区分して
書いとけば大丈夫だろう。

いっそのこと禰豆子ちゃんも登録
しちまったらどうだい？　インボイ
スの時代になったら登録しないと
外税で消費税を請求することはで
きないだろうから、55万円の家賃
を50万円に値下げするよりも登録
して堂々と55万円貰った方がいい
んじゃねえか？

手間もかからないし、簡易課税
の適用を受ければ40％のみな
し仕入率が使えるんで、手取額
は増えるハズだ。

登録しない場合の手取額は消費税分だけ値下げする
と50万円になる。登録した場合の手取額は52万円だか
ら確かにそのとおりだ！　さっそく禰豆子に教えてや
ろう。

50万円 × 10％ － 50万円 × 10％ × 40％ ＝ 3万円
　　　　　　　　　　　　　　　　　　…納める消費税

55万円 － 3万円 ＝ 52万円　…手取額

解説

　適格請求書発行事業者でない共同所有者と共に共有物の譲渡又は貸付けを行う場合には、対価の額を持分割合などで合理的に区分したうえで、自己のインボイスを発行する必要があります（インボイス通達3－5・インボイスQ&A問44）。

　よって、一の請求書や領収証により共同所有者がまとめて決済するよりも、下記のように、所有者ごとの書類を準備して決済したほうがわかりやすいように思われます。

　あるいは、八つぁんの言うように、禰豆子ちゃんにもインボイスの登録申請をさせたうえで、簡易課税制度の適用あるいは「2割特例」を検討してみるのもいいかもしれません。

(注)「2割特例」については180頁をご参照ください。

●夫婦別々に領収書を発行するケース

領収書

○○御中　　　　　　　　　　　　　○年○月○日

　　○月分家賃　　500,000円
　10%消費税　　　50,000円
　　　　　　　　　550,000円

○○区○○町○－○－○所在の倉庫の持分2分の1
に対する賃貸料として

△△彦左衛門　　　　　　登録番号T－×××××

領収書

○○御中　　　　　　　　　　　　　○年○月○日

　○月分家賃　　500,000円

○○区○○町○－○－○所在の倉庫の持分2分の1
に対する賃貸料として

△△禰豆子

●夫婦共々登録して領収書(インボイス)を発行するケース

領収書

○○御中　　　　　　　　　　　　　○年○月○日

　○月分家賃　1,000,000円
　10％消費税　　10,000円
　　　　　　　1,100,000円

○○区○○町○－○－○所在の倉庫の賃貸料として

△△彦左衛門・禰豆子　　　　登録番号T－×××××

ところで、家賃に消費税相当額を上乗せするかどうかは値決めの問題であり、これを禁止する法律はありません。こういった理由から、免税事業者が賃借人から消費税相当額を受領することは何の問題もないとする意見もあるようです。また、経過措置による80％控除を考慮して、あえて大家が登録しなくても、消費税相当額の80％程度は店子から貰ってもいいのではないか…といった何やら（怪しい）話を耳にしたこともあります。

　ただ、不動産賃貸業に限らず、免税事業者が取引先から消費税相当額を受領することには、商取引として問題があるように思います（私見）。

　取引先が消費者や免税事業者、簡易課税制度の適用事業者であればインボイスは特段必要ではありませんが、だからといって納税もしない消費税相当額を受領することは、コンプライアンスの面からも慎むべきではないでしょうか。

- ・共有物の譲渡又は貸付けを行う場合には、対価の額を持分割合などで合理的に区分したうえで、適格請求書発行事業者についてだけ、インボイスを発行する必要があります。
  よって、一の請求書や領収証により共同所有者がまとめて決済するよりも、所有者ごとの書類を準備して決裁したほうがわかりやすいように思われます。
- ・共有物である賃貸物件などについては、事務の繁雑さを防ぐために、非登録事業者についてもインボイスの登録申請を検討する必要がありそうです。

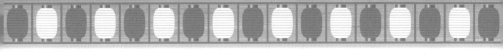

14 家事共用資産の売買

越後屋の野郎、あぶく銭でまた新車に買い替えたらしいじゃねえか。番頭が言ってたけど、確定申告で9割も減価償却してるということだ。なんで税務署は何にも言わねえんだろう…。

噂で聞いたんだが、税務調査があったときに越後屋がお代官様（調査官）に言ったらしいぜ。「いい着物を着ていい車に乗ってないと上客は掴めませぬ。私とてこんな高級車には本当は乗りたくないのでございます」…いけしゃあしゃあとよくもぬかしたもんだぜ！

テメエで稼いだ金で好きなもの買ってんだから俺ら貧乏人がとやかく言ってもしゃあねえわな。それよりも気になることがあるんだ。越後屋が下取りに出した中古車は当然に事業用の部分は消費税が課税されることになる。越後屋はまず間違いなくインボイスの登録をするだろうから、下取金額に事業専用割合を乗じた金額についてだけ、インボイスを発行することになるのかい？

そもそも中古車を下取りに出すときには
領収書なんぞ発行しねえんじゃねえか？

ディーラーの作成した明細書に下取金額が
記入してあって、新車の販売代金や法定費
用、保険料なんかが書かれた明細書で清算
（相殺）しているハズだぜ。今後は明細書と
は別にインボイスを作成してディーラーに
発行しなくちゃいけねえってことかい？

明細書に下取車の事業専用割合や
登録番号を記入する欄を設ければ
インボイスを発行する手間が省け
るぜ。いずれにせよ、ディーラーが
何か手間のかからない方法を考え
てくれるような気がしてる。でな
きゃ、とてもじゃねえけど面倒臭
くってやってられねえからな。

新車の購入対価については
どうするんだろう…。越後
屋は簡易課税なんぞは使っ
てないだろうから、新車の
購入対価に事業専用割合を
乗じた金額だけを仕入税額
控除の対象とすればいいん
だよな。

◈家事共用資産の譲渡

　個人事業者が家事共用資産を譲渡する場合には、事業用部分を合理的に区分したうえで、事業用部分の取引金額を基にインボイスに記載すべき金額等を計算することとなります（インボイス通達3－4）。

【計算例】

　事業専用割合が90％の中古車両を20万円で売却する場合には、適格請求書に記載すべき金額は次のように計算します。

$$200,000円 \times 90\% = 180,000円$$

$$180,000円 \times \frac{10}{110} \fallingdotseq 16,363円$$

　この場合に発行するインボイスとしては、次のような雛形が想定されます。

領収書

㈱○○御中　　　　　　　　　　　　　　○年○月○日

××下取価額
　（内訳）
　　家事使用分　　20,000円
　　10％対象　　　180,000円　（うち消費税16,363円）
　　　　　　　　　200,000円

越後屋　　　　　　　　　　登録番号Ｔ－×××××

　ところで、古物商（中古車買取業者など）が適格請求書発行事業者で
ない他の者（非登録事業者）から買い受けた販売用の古物（中古自動車）
については、帳簿の保存のみにより、仕入税額控除を認めることとして
います（インボイスＱ＆Ａ問92の③）。越後屋のケースでは、適格請求書
発行事業者として課税資産を譲渡しますので、この取扱いはありませ
ん。結果、中古車買取業者は、下取先が適格請求書発行事業者かどうか
を買い取りの都度確認しなければいけないことになるのでしょうか？

　また、中古資産を売却するような場合には、要求されなければインボ
イスを発行しないこともあろうかと思われますので、現実の実務におい
ては、適格請求書発行事業者かどうかに関係なく、仕入税額控除を認め
るような取扱いが必要ではないかと思われます。

　あるいは、熊さんの言うように、明細書に下取車の事業専用割合や登
録番号を記入する欄を設けるといったような手間のかからない方法を
ディーラーが考えてくれることを期待したいと思います。

◈家事共用資産の取得

　個人事業者が家事共用資産を取得した場合には、使用率、使用面積割
合等の合理的な基準により消費税額又は課税仕入高を区分したうえで、
事業用部分だけが仕入控除税額の計算に取り込まれることとなります
（インボイス通達４－１）。

【計算例】

　車両を220万円（うち消費税20万円）で取得した場合の課税仕入れ等の税額は次のように計算します（事業専用割合90％）。

積上計算	$200,000円 \times 90\% = 180,000円$
割戻計算	$2,200,000円 \times 90\% \times \dfrac{10}{110} = 180,000円$

・個人事業者が家事共用資産を譲渡する場合には、事業用部分を合理的に区分したうえで、事業用部分の取引金額を基にインボイスに記載すべき金額等を計算することとなります。

・個人事業者が家事共用資産を取得した場合には、使用率、使用面積割合等の合理的な基準により消費税額又は課税仕入高を区分計算したうえで、事業用部分だけが仕入控除税額の計算に取り込まれることとなります。

15 バックマージンをどうする？

日本橋の米問屋が越後屋と連んで闇米で派手に儲けてるらしいじゃねえか。

そのことなんだけどもよ、米問屋の話によると越後屋から年がら年中袖の下を要求されるもんで、ろくすっぽ手元に金が残らねえって文句たれてやがったぜ。

米問屋も気に入らねえが、越後屋の野郎もとんでもねえ悪党だな。あんなやつ代官所（税務署）に密告しちまえばいいんだよ。

申告しねえで懐に入れちまってるんなら脱税に違いねえが、米問屋との取り決めで貰ってるんだったら文句を言う筋合いのものでもねえだろう。

闇米を仕入れてバックマージン（リベート）を貰うということは、すなわち仕入値引を受けたということだ。帳簿に載せてるんだったら確かに代官所も文句は言わねえだろう。でも、仕入時に発行されたインボイスには値引前の消費税額が記載されているわけだから、そのまま控除しちまうと越後屋が得することにならねえかい？

解説

　適格請求書を発行した後で返品や値引きが発生した場合には、修正後の適格請求書を再発行するのではなく、取引先に対して「適格返還請求書」を交付することが義務づけられています。よって、越後屋は、米問屋が発行した適格返還請求書に基づいて、仕入控除税額を調整することになります。

　ただし、売主が負担する振込手数料のように、税込価額が１万円未満の少額取引については「適格返還請求書」の交付義務が免除されます（**消法57の４③、消令70の９③二**）。

　適格返還請求書は、課税売上げに対する返品や値引、割戻金だけでなく、売上割引や販売奨励金、協同組合が組合員に支払う事業分量配当金についても発行が必要となります（消法38①、消基通14－１－２～４）。

　適格返還請求書とは、次に掲げる事項を記載した請求書、納品書その他これらに類する書類をいいます（消法57の４③）。

```
（記載事項）
①　適格請求書発行事業者の氏名又は名称
②　登録番号
③　売上げに係る対価の返還等を行う年月日
④　③の売上年月日
⑤　取引内容（軽減対象品目である場合にはその旨）
⑥　税抜取引価額又は税込取引価額を税率区分ごとに合計した金額
⑦　⑥に対する消費税額等又は適用税率
```

　両方記載することもできます（インボイスＱ＆Ａ問49・51）

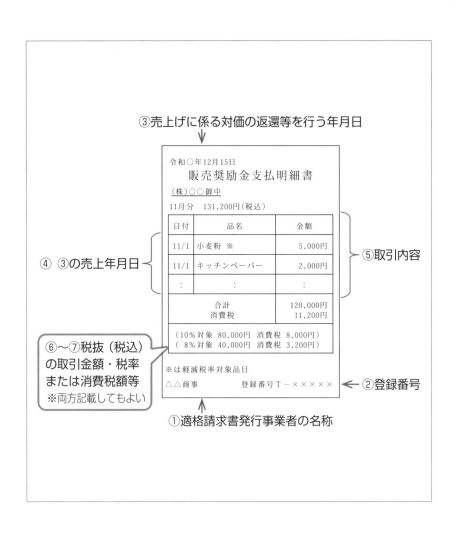

③売上げに係る対価の返還等を行う年月日

令和○年12月15日
販売奨励金支払明細書
<u>(株)○○御中</u>
11月分　131,200円（税込）

日付	品名	金額
11/1	小麦粉　※	5,000円
11/1	キッチンペーパー	2,000円
：	：	：
	合計 消費税	120,000円 11,200円

（10％対象　80,000円　消費税　8,000円）
（ 8 ％対象　40,000円　消費税　3,200円）

※は軽減税率対象品目

△△商事　　　　　登録番号Ｔ－××××× ← ②登録番号

④ ③の売上年月日

⑤取引内容

⑥〜⑦税抜（税込）の取引金額・税率または消費税額等
※両方記載してもよい

①適格請求書発行事業者の名称

◈インボイスとセットで交付することもできる！

　適格請求書と適格返還請求書は（表示例1）のように一の書類により交付することができます。また、税抜（税込）取引金額と消費税額についても（表示例2）のように相殺後の差額を記載することができます（インボイス通達3－16）。

（表示例１）売上金額と販売奨励金をそれぞれ記載するケース

請求書

<u>(株)○○御中</u>　　　　令和○年11月30日

11月分　118,080円（税込）

日付	品名	金額
11/1	小麦粉　※	5,000円
11/1	キッチンペーパー	2,000円
:	:	:
合計 消費税		120,000円 11,200円

（10％対象　80,000円　消費税　8,000円）
（ 8％対象　40,000円　消費税　3,200円）

→ インボイスの記載事項

販売奨励金		
10/5	小麦粉　※	2,000円
:	:	:
合計 消費税		12,000円 1,120円

（10％対象　8,000円　消費税　800円）
（ 8％対象　4,000円　消費税　320円）

→ 販売奨励金の内訳

※は軽減税率対象品目

△△商事㈱　　　　登録番号 T－××××××

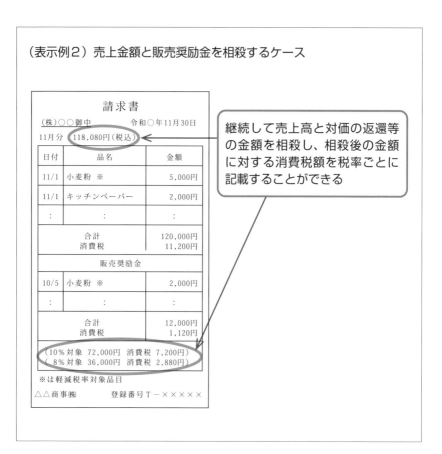

（表示例２）売上金額と販売奨励金を相殺するケース

請求書

(株)○○御中　　　　令和○年11月30日

11月分　118,080円（税込）

日付	品名	金額
11/1	小麦粉 ※	5,000円
11/1	キッチンペーパー	2,000円
：	：	：
	合計 消費税	120,000円 11,200円
	販売奨励金	
10/5	小麦粉 ※	2,000円
：	：	：
	合計 消費税	12,000円 1,120円

（10％対象　72,000円　消費税　7,200円）
（ 8％対象　36,000円　消費税　2,880円）

※は軽減税率対象品目

△△商事㈱　　　　登録番号Ｔ－×××××

継続して売上高と対価の返還等の金額を相殺し、相殺後の金額に対する消費税額を税率ごとに記載することができる

◈控除税額の計算方法

　返還等対価に係る税額（申告書⑤欄の金額）は、適格返還請求書に記載した消費税額等（記載事項の⑦の金額）に78％を乗じて計算することができます（消令58①）。また、適格返還請求書の交付を受けた事業者が、仕入れに係る対価の返還等の調整税額を計算する場合においても、交付を受けた適格返還請求書に記載された消費税額等（記載事項の⑦の金額）に78％を乗じて計算することができます（消令52①）。

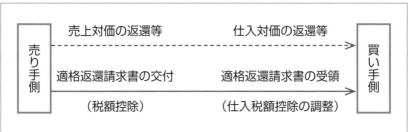

- 適格返還請求書には、次の①〜⑦の事項を記載することとされています。

> ① 適格請求書発行事業者の氏名又は名称
> ② 登録番号
> ③ 売上げに係る対価の返還等を行う年月日
> ④ ③の売上年月日
> ⑤ 取引内容（軽減対象品目である場合にはその旨）
> ⑥ 税抜取引価額又は税込取引価額を税率区分ごとに合計した金額
> ⑦ ⑥に対する消費税額等又は適用税率

- 適格返還請求書は、課税売上げに対する返品や値引、割戻金だけでなく、売上割引や販売奨励金、協同組合が組合員に支払う事業分量配当金についても発行が必要となります。

- 適格返還請求書に記載した消費税額等（記載事項の⑦の金額）に78％を乗じた金額を、返還等対価に係る税額（申告書⑤欄の金額）とすることや、仕入れに係る対価の返還等の調整税額とすることができます。

- 税込価額が１万円未満の少額取引については「適格返還請求書」の交付義務が免除されます。

16 たばこの値段はどう表示する？

八つぁん

熊さんはたばこをやめて何年になる？

熊さん

そうさなぁ…かれこれ14年くらい経つのかな。16歳の時から吸い始めて、肺炎の時にも休まずに頑張って吸い続けたからな。結局30年あまり欠かさずに吸っていたことになる。（※）

（呆れながら）高校1年生の時から吸っていたということかい…まったく自慢にもならねえな。

禁煙パイプにニコチンパッチ、禁煙ガムに離煙パイポと色んなグッズにチャレンジしてやっとの思いでやめたんだぜ。そしたら面白いことに、俺がたばこをやめた途端にたばこの値段がぐんぐん上がりはじめたんだ。

「セブンスター」がいま600円だが、俺がたばこをやめたときには確か250円だったはずだ。

（※）未成年のたばこは禁じられています。

消費税の税率が5％から8％、さらには10％と上がったほか、たばこ税も増税されたからな。成人病対策とか歳出削減とかいう大義名分のもと、たばこの値段はまだまだ上がるんじゃねえか。

聞くところによると、異国のたばこはビックリするくらいに値段が高いらしいじゃねえか。ネットで調べてみたんだが、越後屋が吸ってる「マールボロ」も日本だと600円だ。これがエゲレス（イギリス）だと1,787円、オーストラリアは何と3,147円もするらしい。

自然環境にうるさい国だけあって、喫煙する奴なんざ極悪人扱いなんだな（笑）。

ちなみにロシアは233円でかなり安い。どこの国でも製造原価はさほど変わらんだろうから、価格差はすべて税金ということだ。

そういえば、角のタバコ屋の婆さんに聞いたことがあるんだが、昔からたばこの利益率は11％でまったく変わらねえらしいんだ。

タバコ屋の婆さんは俺たちがガキの頃から婆さんだったからな…いったいいま何歳なんだろう…。

たばこは定価販売が義務付けられているんで、勝手に値引きすることができねえからな。インボイスの時代になっても婆さんは定価でたばこを販売していいわけだ。

同じ値段で販売していながら、コンビニで販売するたばこは納税しなくちゃならねえのに、婆さんの販売するたばこは納税しなくていいってことか…なんか不公平だと思わねえかい？

そんなこと言ったら婆さんが可哀想じゃねえか。年寄りはもっと労らなくちゃいけねえぜ。

話は変わるんだが、インボイスへのたばこの価格表示はどうなるんだ？ 確か税込みか税抜きに価格を統一して税率ごとに税額計算をするんだよな。税抜価格に統一するとなると、1箱600円のセブンスターは545円と表示することになる。お行儀よく600円の定価でまとまってるたばこの値段について、追い剥ぎじゃあるめえし、無理矢理、身ぐるみ剥がすようなことすんのはおかしくねえかい？

気持ちはわかるけれども決まりなんだから仕方ねえだろうが…。

解説

　消費税額等の端数処理は、領収証単位で行います。よって、税抜価額を記載した商品と税込価額を記載した商品が混在する場合には、税抜価額か税込価額に統一して代金を記載するとともに、これに基づいて算出した消費税額等を記載する必要があります。

　なお、税抜（税込）価額を税込（税抜）価額に修正する場合の端数処理については特段の定めはありませんので、事業者が任意に算出することができます。

　例えば、税込600円のたばこを税抜価額にする場合には、円未満の端数を切り捨て又は四捨五入にすると545円、切り上げにすると546円ですが、どちらの表記も認められることになります。

$$600円 \times \frac{100}{110} \fallingdotseq 545.45\cdots$$

　また、たばこなど、法令・条例の規定により「税込小売定価」が定められている商品や、新聞・書籍のように再販売価格維持制度の対象となる商品を販売する場合には、税抜表示をする他の商品と区分して「税込小売価格」を表示し、それぞれごとに消費税額等の計算をすることができます（インボイスQ＆A問50）。

領　収　証

T － × × × ×

令 和 ○ 年 11 月 30 日

お 茶 ※　　　　¥　140（税抜）

ビ ー ル　　　　¥　227（税抜）

た ば こ　　　　¥　600（税込）

（ 税 抜 金 額 ）

10 ％ 対 象　　　⟨¥　772⟩

8 ％ 対 象　　　　¥　140

消 費 税 額

10 ％ 対 象　　　⟨¥　77⟩

8 ％ 対 象　　　　¥　11

　合 計 金 額　　　¥　1,000

※ 印 は 軽 減 税 率 対 象 商 品

$600 \times \dfrac{100}{110}$

$≒ 545.45 → 545$（切捨）

※端数処理は任意

$227 + 545 = 772$

$772 \times 10\% = 77.2$

$→ 77$（切捨）

$140 \times 8\% = 11.2$

$→ 11$（切捨）

※消費税額の計算は
　領収証ごとに 1 回
　（端数処理は任意）

たばこについては税抜化せずに消費税額を計算することもできます。

$227 \times 10\% + 600 \times \dfrac{100}{110} ≒ 77.2 → 77$（切捨）

　熊さんの話にも出てきましたが、たばこは定価による販売が義務付けられていますので、勝手に値引きすることはできません。こういった理由もあり、問屋が発行する請求書には、たばこの小売価格（定価）が書いてあるそうです。セブンスターを10カートン（100箱）仕入れると、問屋の請求書には「定価代金￥60,000・お買上代金￥53,400（内消費税等￥4,854）」と書いてあるとのことで、何とも不思議な業界です。

- 消費税額等の端数処理は領収証単位で行います。よって、税抜価額か税込価額に統一して代金を記載するとともに、これに基づいて算出した消費税額等をインボイスに記載する必要があります。

- 税抜（税込）価額を税込（税抜）価額に修正する場合の端数処理については特段の定めはありません（事業者が任意に算出することができます）。

- 値引販売ができないたばこ・新聞・書籍などを販売する場合には、税抜表示をする他の商品と区分して「税込小売価格」を表示し、それぞれごとに消費税額等の計算をすることができます。

17 新設された法人の取扱い

八つぁん

越後屋が会社組織にするらしいじゃねえか。

熊さん

所得税は超過累進税率で課税してくるからな。越後屋くらい儲かってると所得税は最高税率の45％までいくんじゃねえかい？

あんなボロ儲けしているような奴には45％なんて甘いこと言ってねえでもっと税金払わせりゃいいんだよ。

昔は最高税率が75％なんて時代もあったらしいじゃねえか。一生懸命働いたあげくにほとんど税金で召し上げられたらたまったもんじゃねえ。会社作って節税しようって気になるのもわかるような気がするな。

越後屋はいつごろ会社を作るんだい？

噂によるといろいろと整理しなけりゃいけねえことがあるらしいんで、法人成りは暫く先になるみてえだ。

ということは、いったん個人で
インボイスの登録をしてから
登録番号を法人が引き継ぐと
いうことか…。

それはできねえんじゃねえか？
あくまでも「越後屋」という個人
事業を廃業して新たに法人を設
立するわけだから、実態は同じで
も個人と法人はベツモノだ。法人
としてもう一度登録申請すること
になると思うぜ。

個人事業者の登録番号はどうなるんだろう…。
税理士の登録番号みてえに永久欠番になるの
かな？

この間久しぶりに飲み屋のお姉ちゃんに
電話してみたら男が電話口にでやがっ
た。携帯電話の番号は使い回しているみ
てえだが、インボイスの登録番号はどう
だろう…。

自動車のナンバープレートは割と
簡単に変更できるらしいじゃねえ
か。それに好きな番号を選ぶこと
もできるらしいけど、インボイス
の登録番号はダメなんだろうな？

おそらくは変更も選択もできねえと思うぜ。それよりも気になるのは登録の時期だ。個人の登録番号を引き継げないとしたならば、会社設立前から登録申請しておかないと、設立と同時にインボイスが発行できねえことになる。看板を取り替えたりなんだりで越後屋は結構忙しくなりそうだな。

インボイスの登録申請は会社を設立してからじゃなきゃダメなんじゃねえか？

じゃあ登録通知があるまでインボイスは発行できねえってことかい？ 越後屋は商人相手に商売やってるわけだから、そんなんじゃお客さんは絶対納得してくれねえと思うぜ。

解説

　新設された法人が会社設立時からインボイスを発行したい場合ですが、八つぁんの言うように会社設立前に個人で申請することはできません。

　新設の法人がインボイスの登録申請をする場合には、「新設法人等の登録時期の特例」という制度が設けられています（消令70の4、消規26の4・インボイスQ＆A問12）。

　具体的には、登録申請書を設立事業年度中に提出することにより、設立事業年度の初日から登録を受けたものとみなされます。この場合にお

いて、登録申請書の次葉（2／2）の「登録希望日」欄に、会社の設立年月日を記載する必要があることにご注意ください（平成30年改正令附則15②）。

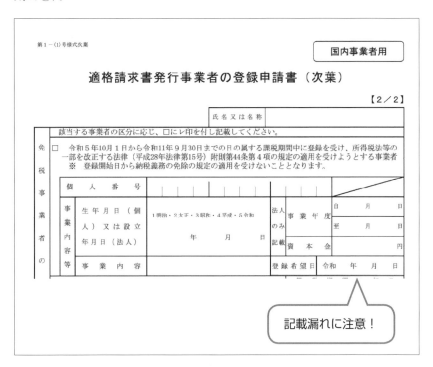

　免税事業者が登録申請書を提出して適格請求書発行事業者になる場合、「登録希望日」は、登録申請書の提出日から15日を経過する日以後の日を記載する必要があります。

　よって、登録希望日が1月1日の場合における申請書の提出期限は12月17日になり、登録希望日が10月1日であれば、申請書の提出期限は9月16日になります。

　この場合において、実際の登録日が登録希望日後にずれこんだ場合に

は、その登録希望日に登録を受けたものとみなすこととされているので、登録通知を受け取った後に登録番号を取引先に通知すれば、通知前に交付した請求書等はインボイスとして有効になります（平成30年改正令附則15③）。

　ところで、資本金が1,000万円未満の新設の法人は、基準期間がない設立事業年度は免税事業者となります。インボイスの登録申請は課税事業者でなければできませんので、原則として設立事業年度中に「課税事業者選択届出書」とインボイスの登録申請書を提出する必要があります。

　ただし、令和5年10月1日〜令和11年9月30日の属する課税期間中に登録する場合には、「課税事業者選択届出書」の提出は必要ありません（平成28年改正法附則44④）。

　また、新設された法人のほか、下記①〜③のケースについても、課税期間の初日から登録を受けようとする場合には、登録申請書を課税期間の末日までに提出することにより、その課税期間の初日から登録を受けたものとみなされます。

---

① 新規に開業した個人事業者の開業日の属する課税期間
　　ただし、相続により適格請求書発行事業者である被相続人の事業を承継した相続人は対象となりません。
② 吸収合併により、適格請求書発行事業者である被合併法人の事業を承継した合併法人の合併があった日の属する課税期間
③ 吸収分割により、適格請求書発行事業者である分割法人の事業を承継した分割承継法人の吸収分割があった日の属する課税期間

　なお、新設された法人や上記①～③の場合において、設立事業年度や上記①～③の課税期間の初日が令和5年10月1日の前日以前であるときは、令和5年10月1日に登録を受けたものとみなされます（平成30年改正令附則13）。

- 新設された法人は、設立事業年度中にインボイスの登録申請書を提出することにより、設立事業年度の初日から適格請求書発行事業者となることができます。

- 新設合併や新設分割についても、設立事業年度中にインボイスの登録申請書を提出することにより、設立事業年度の初日から適格請求書発行事業者となることができます。

- 新規に開業した個人事業者は、開業した課税期間中にインボイスの登録申請書を提出することにより、その開業した課税期間の初日から適格請求書発行事業者となることができます。

- 吸収合併により、適格請求書発行事業者である被合併法人の事業を承継した合併法人は、合併があった日の属する課税期間中にインボイスの登録申請書を提出することにより、合併があった課税期間の初日から適格請求書発行事業者となることができます。

- 吸収分割により、適格請求書発行事業者である分割法人の事業を承継した分割承継法人は、吸収分割があった日の属する課税期間中にインボイスの登録申請書を提出することにより、吸収分割があった課税期間の初日から適格請求書発行事業者となることができます。
　※令和5年10月1日～令和11年9月30日の属する課税期間中に登録する上記の個人事業者と法人は、「課税事業者選択届出書」を提出する必要はありません。

- 法人成りにより廃業した個人事業者は、事業廃止届出書を提出する必要があります（消法57の2⑩二）。

18 相続があった場合はどうなる？

八つぁん

長屋の家主がいよいよ危ねえみてえだな。

熊さん

死んだとばかり思ってたけど、お富さんはまだ生きてたのかい。

お富さんが死んじまうと、倉庫の賃借料について仕入税額控除ができなくなるってんで、呉服問屋が心配してるみたいだぜ。

家賃については契約書があればインボイスはいらねえんじゃなかったかい？

あれはQ＆Aで認めてる簡便法であって、本来はお富さんから毎月インボイスを発行してもらって保存しなけりゃいけないハズだぜ。お富さんが死んじまったら契約書も無効になるんで、理屈の上では仕入税額控除もできないことになるんだろうな…。

お富さんの旦那は何年も前に死んじまってるけれども、確か子供が二人いたんじゃなかったか？

賭場に通い詰めている放蕩息子と新富町に嫁に行った娘がいたな。お富さんが死んじまったら賃貸物件の相続人にインボイスを発行してもらえばいいじゃねえか。

噂によると姉弟仲が相当に悪いらしいんだ。遺産分割で揉めるんじゃねえかって長屋の連中が噂してたぜ。

あのバカ息子は長屋の貧乏人から無理矢理に取り立てた家賃を懐に入れて賭場通いだからな…。嫁に行ったお律ちゃんが心配するのも当然だわな。

遺産分割が確定するまで店子は仕入税額控除ができねえとしたら、呉服問屋はたまったもんじゃねえな。

物件を相続するかどうかは別にして、とりあえずは相続人が仮登録しておくってわけにはいかねえのかな？

相続財産が未分割の場合には、法定相続分割合で納税義務を判定することになっている。そうすると、お富さんの所有する賃貸物件のうち、倉庫や店舗などの課税物件の年間家賃収入が2,000万円未満の場合には、相続人は免税事業者ということになる。

どの物件を相続するかもわからねえし、ましてや免税事業者になれるかもしれねえ状態でインボイスの登録なんぞしちまったら後々面倒な事にならねえかい？

結局のところ、遺産分割が確定して相続人が
インボイスの登録を済ましてからでねえと、
店子は仕入税額控除ができねえってことにな
るのか…。

インボイスが発行できねえってことは、
当然に消費税も払う必要はねえって事
だ。呉服問屋が払ってる倉庫の賃料は
月額110万円らしいから、相続人の登録
が終わるまでは100万円でいいってこと
になるのかい？

インボイスがなくてもしばらくは80%の
控除ができるからな。108万円くらいは払
わないとダメかもしれねえぜ。

要は値決めの問題ということか…。
人ごとだからどうでもいいけど何だ
か面倒くせえ時代になりそうだ。

解説

　適格請求書発行事業者である個人事業者が死亡した場合には、相続人
は、「適格請求書発行事業者の死亡届出書」を税務署長に提出すること
が義務付けられています（消法57の3①②）。

　また、被相続人の登録の効力は、事業を承継した相続人がいる場合と
いない場合に区分して次のように取り扱うこととされています。

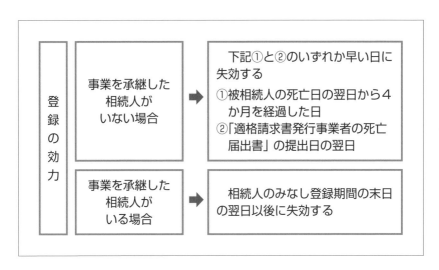

　事業を承継した相続人は、みなし登録期間中は、相続人を適格請求書発行事業者とみなし、被相続人の登録番号を相続人の登録番号とみなします（消法57の3③④）。

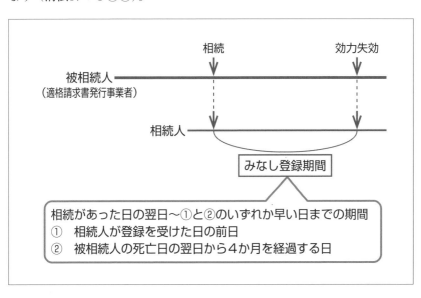

この場合において、相続人がみなし登録期間経過後も適格請求書を交付しようとするときは、新たに登録申請書を提出して登録を受ける必要があります。

　相続があったからといって、相続人はすぐにインボイスの登録申請をする必要はありません。みなし登録期間中は被相続人の登録番号が有効となりますので、実務上は、みなし登録期間中に登録申請をしたうえで、改めて相続人の登録番号などを記載した賃貸借契約書を作成することになります。

　また、相続人がみなし登録期間中に登録申請書を提出した場合において、みなし登録期間の末日までに登録又は処分の通知がないときは、通知が相続人に到達するまでの期間はみなし登録期間とみなされ、適格請求書の交付は被相続人の登録番号によることとなります（消令70の6②、インボイス通達2－6）。

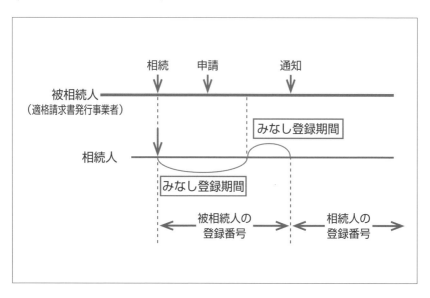

　なお、被合併法人や分割法人が受けた適格請求書発行事業者の登録の効力は、合併法人や分割承継法人には引き継がれません。したがって、合併法人や分割承継法人が適格請求書発行事業者の登録を受けようとするときは、新たに登録申請書を提出する必要があります（インボイス通達2－7）。

- 下記①と②のいずれか早い日までの期間（みなし登録期間）中は、相続人を適格請求書発行事業者とみなし、被相続人の登録番号を相続人の登録番号とみなします

　　①　相続があった日の翌日～相続人が登録を受けた日の前日
　　②　相続があった日の翌日～被相続人の死亡日の翌日から4か月を経過する日

- 相続人がみなし登録期間経過後も適格請求書を交付しようとするときは、新たに登録申請書を提出して登録を受ける必要があります。

- みなし登録期間の末日までに、登録申請をした相続人に登録又は処分の通知がないときは、通知が相続人に到達するまでの期間はみなし登録期間とみなされ、適格請求書の交付は被相続人の登録番号によることとなります。

19 電子インボイス

八つぁん

電帳法とかいうのが施行されたもんだから、大福帳が使えなくなるってんで、江戸中の商人が大騒ぎしているみてえじゃねえか。

熊さん

電帳法は廃案になったって聞いたけど実際のところはどうなんだい？

廃案じゃなくて延期になったらしいんだ。本当は令和4年からはじめるつもりでいたんだが、コロナの影響もあって全然準備が進んでねえ。小規模事業者なんざ、電子どころか紙の帳簿でさえまともに記帳してねえところがゴロゴロあるからな。

鍵屋とか蕎麦屋みてえなチンケな店は電帳法なんぞ関係ねえだろう。

それが関係あるらしいんだよ。大店に比べると若干要件は緩くなるものの、基本電子データの保存が義務付けられるということだ。

デジタル庁とかデジタルインボイス推進協議会（EIPA）なんてのができて、ITとかペーパレスとかにわかに騒がしくなってるみてえだが、そんな簡単にできるもんなのかい？

それができねえから延期になったんだろう…。2年延ばして令和6年から本格的にやるらしいんだが、実際問題として相当に厳しいような気がするな。

聞くところによると、令和5年度にも何やら怪しげな改正があったらしいぜ。

違反したらどうなるんだろう…呼び出しでも喰らって怒られるのかい？

青色申告が取消しになるらしいぜ。でも、代官所（税務署）も鬼じゃねえからいきなりそんな酷いことはしねえと思うんだ。鍵屋とか蕎麦屋なんかは何年かけて電子化すればいいんじゃねえか。

電帳法が施行されるんで、消費税のインボイスも電子データになるらしいじゃねえか。ということは、紙のインボイスは禁止になるってことかい？

そういうことでもねえらしいんだ。詳しいことは俺もよくわからねえんだが、電子データで送られたものを、そのままデータとして保存してもいいし、プリントアウトしてもいいらしい。ただし、データで保存する時はいろいろ制約があるということだ。

要するに、令和6年からは、個人事業者と法人は電子データを管理しないと原則として青色申告が取消しになるけれども、消費税については昔ながらの紙のデータを保存していればお咎めなしってことなのか…何だかわかるようなわからねえような制度だな。

消費税の仕入税額控除は法定書類の保存が絶対条件になる。タイムスタンプの使用やシステム関係書類の備付けといったような、電帳法の要件を満たすような電子データの保存を仕入税額控除の要件にしたら中小事業者なんぞパニックになっちまう。

矛盾しているような気はするけれど、ある意味必要な手当なのかもしれねえな…。

解説

　「電帳法」とは「電子帳簿保存法」の俗称ですが、正式名称を「電子計算機を使用して作成する国税関係帳簿書類の保存方法等の特例に関する法律」といいます。ExcelやWordを使って作成した請求書や領収証を電子データで保存したり、受け取ったレシートをスキャンして電子データで保存したりする場合のルールを定めた法律です。

　八つぁんと熊さんの会話にも出てきましたが、電子取引情報をやりとりする場合、電帳法ではタイムスタンプの使用やシステム関係書類の備

付けといったような、アタマがクラクラするような詳細な要件を要求しているわけですが、小規模零細事業者も含め、果たして令和6年から実施できるのかと問われると、甚だ心許ない感じがしております。

　ただ、時代は否応なくIT化に向けて突き進んでいるわけですから、のんびり流暢に構えているとあっという間に時代に取り残されてしまいます。インボイスだけでなく、電子化に向けた会計システムを構築するための準備も滞りなく進めていく必要があるということです。

◈電子インボイスの提供

　適格請求書発行事業者は、適格請求書・適格簡易請求書・適格返還請求書の交付に代えて、電磁的記録（電子インボイス）を提供することができます。また、書面による請求書の内訳を電子データにより提供するなど、書面と電子データの提供を併用することも認められます。

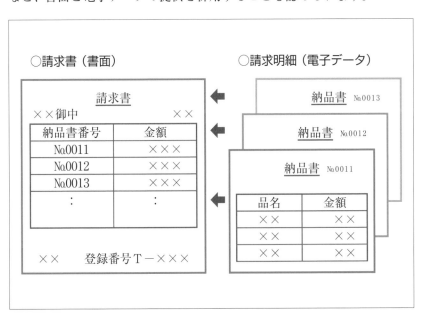

　なお、提供した電子データに誤りがあった場合には、修正した電子データを提供することが義務付けられています（消法57の4⑤・インボイス通達3－2・インボイスＱ＆Ａ問28、問63）。

◈電子インボイスの例示

---

① 光ディスク、磁気テープ等の記録用の媒体による提供
② EDI取引における電子データの提供
　(注) EDI（Electronic Data Interchange）取引とは、異なる企業・組織間で商取引に関するデータを、通信回線を介してコンピュータ間で交換する取引等をいう。
③ 電子メールによる電子データの提供
④ インターネット上にサイトを設け、そのサイトを通じた電子データの提供

◈電子インボイスの保存義務

　電子インボイスを受領した場合でも、電子データの保存に代えて、出力した書面で保存することができます（インボイスＱ＆Ａ問75）。

　なお、令和3年度の税制改正により義務付けられた電子データによる保存義務については、令和5年12月31日まで猶予期間を設けることとなりましたが、令和6年1月1日以降の取引に関する電子データについては、所得税や法人税の世界では原則、書面で出力して保存することが認められませんのでご注意ください。

(注) データのダウンロードの求めに応じることができるようにしておけば、データ保存ができなかったことについて相当の理由があると認め、出力書面や電子

データによる保存を可能とする猶予措置が令和5年度改正で設けられました。

保存方法	書面	電子データ
消費税	○	○
所得税・法人税	×	○

- インボイスは書面又は電子データによる交付ができます。また、書面と電子データの提供を併用することも認められます。
- 電子インボイスを受領した場合でも、電子データの保存に代えて、出力した書面で保存することができます。
- 令和6年1月1日以降の取引に関する電子データについては、所得税や法人税の世界では原則、書面で出力して保存することは認められません。

20 偽造インボイスとインボイス類似書類

八つぁん

よその国では偽造インボイスを販売する
輩がいるらしいじゃねえか。

熊さん

いわゆる「B勘屋」って奴だな。

当たりめえの話だが、インボイスの時代に
なると、インボイスが無いと仕入税額控除
ができねえことになる。でも、インボイスが手
元にあるからといって無条件に控除できるっ
てのも変な話だと思わねえかい？

紐付きになってる仕入がねえと
代官所（税務署）にバレちまう
と思うぜ。飲み代やタクシーの
領収証ならいざしらず、仕入代
金や外注費なんぞは金額も大き
いからニセモノなんぞ入手し
たって意味ねえんじゃねえかい。

決算書に「仕入高1億円」って書いて
あるのにインボイスが5億円分もあっ
たらおかしいもんな。会計処理と連動
して消費税も処理するわけだから、偽
造インボイスについてはさほど問題に
なることはなさそうだな。

噂によると、よその国では消費税（付加価値税）の申告専門の税理士がいるらしいじゃねえか。箱の中にインボイスがドサっと入っていて「これ幾らでやってくれる？」みてえな仕事らしいぜ。

インボイスの集計作業で金を貰ってるということか…何だか空しい感じがするな。

手間賃仕事を馬鹿にしちゃいけねえぜ。いまや日本橋で一、二を争うM税理士事務所の所長だって、駆け出しの頃は手間賃仕事ばっかりだったらしいじゃねえか。

栗羊羹の箱の中に醤油のシミの付いた領収証と印字済の通帳が入っていて、帳簿の類いはいっさい無い。ここから元帳と決算書を作ったという昔話を聞いたことがあるぜ。

いわゆる「生もの」ってやつだな（笑）

気になるのは偽造インボイスの定義だ。「偽造」ってのは、言うなれば確信犯的にインボイスをねつ造することだと思うんで、単なる書き間違いや計算ミスは偽造にはならねえんだろう？

まず考えられるのが登録もしてねえのに登録番号を請求書に書くケースだ。新設の法人なんかは登録を忘れたフリして法人番号をシラっと書いておいたりすることがあるんじゃねえか？

消費税は納税しねえでちゃっかり懐に入れちまうって作戦か。法人の登録番号は法人番号と同じだからな。確かにありそうな話だぜ。

経費みてえな金額の小さなものは、「いちいち登録番号の確認もしねえだろう」と高を括って、デタラメな番号を書くような奴もいそうだな。

世の中には越後屋みてえに悪知恵の働く奴はいくらでもいるからな。

単なる計算間違いはどうなるんだろう…。例えば税抜価格100円の商品を1,000個売ると消費税は10,000円になる。

100円×1,000個＝100,000円

100,000円×10％＝10,000円

これをインボイスに表示するときに、桁を間違って「売上代金　110,000円（うち消費税　100,000円）」って書いたら偽造になるのかい？

買手が気づかずに100,000円を控除すると当然に修正申告が必要になるハズだ。あらかじめ記載内容を確認して、間違いに気づいたら売手に連絡しないとダメなんじゃねえか？

修正インボイスってやつだな。ということは、貰ったインボイスはいちいち検算しないといけねえってことなのかい？

理屈の上ではそうなるな。でも、客商売なんだから普通は間違わねえと思うぜ。

サービスのつもりで消費税を多めに書いてくる奴とかいねえかな？

飲み屋によっては「領収書をくれ」って言うと「幾らくらいで書きましょか？」なんて気が利いたことをぬかす店員がいるからな（笑）

気が利くというより、それって立派な脱税じゃねえか！

偽造インボイスが発覚すると罰則があるみてえだな。消費税法の65条には「１年以下の懲役又は50万円以下の罰金に処する。」って書いてある。

結構厳しいんだな。打首獄門とはいかねえまでも、さしずめ遠島ってところだな。

免税事業者が領収証に消費税を書くのはどうなんだい？

そりゃダメだろう…。偽造とは言わねえまでも、インボイス類似書類ってことで罰則が適用されるんじゃねえか？

奉行所で「…遠島を申しつける。引っ立てぃ〜」てな感じで裁きを受けるってことかい？

そもそも登録もしねえで消費税を貰おうって根性が気に入らねえ。

でも、免税事業者は仕入税額控除もできねえわけだから、仕入に乗っかってきた消費税分くらいは貰わねえと割にあわねえんじゃねえか？

とするとどうなるんだい？　6万円（税抜）で仕入れた商品を10万円（税抜）で売るときには、税込価格を10万6,000円にするってことかい？　そんなことしたらお客に仕入値がばれちまうじゃねえか。

解説

　当然のことですが、偽造インボイスやインボイス類似書類（適格請求書類似書類等）の交付は禁止されています。この「適格請求書類似書類等」とは、次のような書類をいいます（消法57の5）。

適格請求書 発行事業者	偽りの記載をした適格請求書又は適格簡易請求書	左記の書類の 記載事項に係 る電子データ
上記以外の者 （非登録事業者）	正規の適格請求書又は適格簡易請求書と誤認されるおそれのある表示をした書類	

　ただし、インボイスＱ＆Ａやリーフレットなどには、上記の「適格請求書類似書類等」の具体例のようなものはいっさい掲載されていません。

◈インボイスの発行時期に注意する

　登録番号は登録の申請をするだけでは表示することができません。登録申請をして、インボイス登録センターから登録完了の通知がこなければ、インボイスを発行することはできないということです。

　法人の登録番号は法人番号となりますので、法人は通知を受ける前から自社の登録番号がわかります。だからといって、登録前に見切り発車をすることはできませんのでご注意ください。

◈免税事業者は領収証に消費税額を記載できるか？

　法令やインボイスＱ＆Ａなどに明記されてはいないものの、免税事業者が領収証や請求書に「消費税相当額」を記載することは特段問題ないようです。インボイス類似書類のような気がしなくもないのですが、禁止する法令などがないから認めるということなのでしょうか…。

- インボイスの登録をしていない法人（非登録事業者）が、法人番号を「Ｔ－1234567890123」などと表示した請求書を発行することはできません。
- 適格請求書発行事業者が、偽りの消費税額などを記載したインボイスを発行することはできません。

21 仕入計算書・仕入明細書

八つぁん

宝町にオープンしたDに行ったことはあるかい？

熊さん

あの何でも売ってる総合ディスカウントストアだろ。確かに安くて品揃えは豊富だけれども俺はあんまり好きになれねえな。まずは客が多すぎるのが気に入らねえ。まるで遊園地にいるみてえで落ち着いて品定めもできやしねえ。

呉服屋にしろ酒屋にしろ、馴染みの客をみんなDに盗られちまったってんで、どこもかしこもカンカンに怒ってるみてえだ。

気持ちはわかるけれども庶民にしてみりゃ安いにこしたことはねえからな。それに何でも売ってるとなりゃ買物の時間も節約できるわけだから、これも時代の流れと諦めるしかねえんだろうな…。

小間物屋の親父が「店仕舞いにつき在庫一掃セール」って貼り紙出してたけど、これもDの影響なんだろうな。

小間物屋は何年も前から「店仕舞い…」って貼り紙して商売やってんだよ。在庫があるうちは営業を続けるつもりなんじゃねえか（笑）

噂によるとDは問屋の請求書を受け取らねえらしいじゃねえか。

ということは、仕入代金を払わねえってことかい？

万引じゃあるめえし、まさかそんなことはねえだろう。酒屋の話によると、Dは納品された商品をチェックして、売手である問屋に対してリストを送ってるらしいんだ。この書類のことを「仕入計算書」あるいは「仕入明細書」というらしい。

問屋の納品リストとDの納品リストが違ってたらどうするんだい？

そこんところはちゃんとすり合わせをするみてえだぜ。問屋に送った仕入明細書は、売手である問屋の確認を受けることになっているらしい。つまり、売手と買手で帳尻を合わせる必要があるってことだ。

日本橋にある中島屋も同じような商売をやってるみてえだな。

老舗の百貨店は昔から問屋を見下して
やがるからな。商品を納品させておい
て、売れた分しか金を払わねえらしい
じゃねえか。

「消化仕入れ」ってやつだろ。問屋は注文のあった
商品をせっせと納品してリストを作成するけれど
も、請求書は発行しねえんだ。何を仕入れてもらえ
るかは、買手である百貨店から連絡がこないとわか
らねえ。締め日までに売れた商品の代金だけ「払っ
てやる！」ってんで送りつけてくるのが「仕入計算
書」あるいは「仕入明細書」ってことだ。

百貨店に言われるがままに納品して、
商品が売れなきゃいつまで経っても
金は貰えねえ…問屋の連中はなんで
文句も言わずに百貨店と付き合って
るんだい？

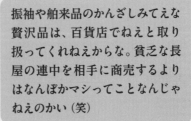

振袖や舶来品のかんざしみてえな
贅沢品は、百貨店でねえと取り
扱ってくれねえからな。貧乏な長
屋の連中を相手に商売するより
はなんぼかマシってことなんじゃ
ねえのかい（笑）

そうすると、買手であるＤや中島屋が
仕入税額控除をするためには、「仕入
計算書」とは別に問屋からインボイス
を発行してもらう必要があるのかい？

それも何だか妙な話だな。仕入計算書にインボイスの記載事項が書いてあれば、あらためて問屋からインボイスを貰わなくたっていいんじゃねえか？

でも、インボイスってのは普通、売手から買手に向かって発行するもんだぜ。買手が発行する仕入計算書みてえなもんは、自分の仕入控除税額の計算に使うことはできねえと思うぜ。

もし、仕入計算書を法定書類として使うことができるとしたら、登録番号はどっちの番号を書くんだろう…

買手が発行する書類なんだから買手の番号を書いとけばいいんじゃねえか？

解説

　デパートと問屋との取引などにおいては、買手側であるデパートが、納品された商品のうち、実際に売れた商品についてだけ、問屋からの仕入れを計上するという取引手法があり、これを「消化仕入れ」といいます。

　この場合には、売手側（問屋）からは請求書等の書類は発行されず、買手側（デパート）が仕入計算書などの書類を作成し、売手側に確認を

受けるということになりますので、この仕入明細書、仕入計算書など、仕入サイドで作成する書類についても、法定事項が記載されているものは、インボイスと同じ効力があるものとして取り扱われます。

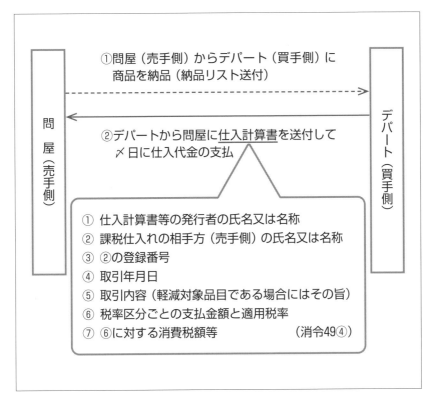

①問屋（売手側）からデパート（買手側）に
　商品を納品（納品リスト送付）

②デパートから問屋に仕入計算書を送付して
　〆日に仕入代金の支払

問屋（売手側）

デパート（買手側）

① 仕入計算書等の発行者の氏名又は名称
② 課税仕入れの相手方（売手側）の氏名又は名称
③ ②の登録番号
④ 取引年月日
⑤ 取引内容（軽減対象品目である場合にはその旨）
⑥ 税率区分ごとの支払金額と適用税率
⑦ ⑥に対する消費税額等　　　　　　　（消令49④）

　この仕入明細書・仕入計算書などによる取引は、複数の問屋を取引相手とする大手スーパーなどでも活用されている方法です。売手である問屋から請求書や参考資料が交付されることもあるようですので、インボイスの導入にあたり、売手が発行した請求書・納品書などの書類と、買手が発行した仕入計算書などの書類のどちらを法定書類として採用するか、事前に相談して決めておく必要がありそうです。

また、仕入計算書を法定書類とする場合には、書類の発行者（買手）ではなく、売手である問屋の登録番号を記載することになりますので、本番が始まる前までに、仕入先である問屋の登録番号などの情報をあらかじめ入手して、仕入先ごとに管理しておくと手間もかからないように思います。

～ちょっと一息～

　私は毎月あちこちの出版社から原稿料や印税を戴いておりますが、令和５年10月以降は、各出版社に対し、いちいちインボイスを発行しなければいけないのでしょうか…正直とても面倒です。

　各出版社からは、原稿料などの振込日前後に明細書が送られてきますので、この明細書に私の登録番号などの必要事項が記載してあれば、各出版社はこの明細書を法定書類として仕入税額控除ができることになります。ただ、出版社の中には振込後に明細書を送ってくるところもありますので、「売手側の確認を受ける」という要件を満たすためには、明細書の発行を振込日より前にする必要がありそうです。

　私は既にインボイスの登録は終わっていますので、いつでも登録番号を請求書に標示したり通知することができるのですが、さて、どうなることでしょう…。

- 仕入明細書、仕入計算書など、仕入サイドで作成する書類であっても、法定事項が記載されていることを条件に、インボイスと同じ効力があるものとして取り扱われます。

- 仕入計算書などの書類を作成した場合には、売手側に確認を受ける必要があります。

- 仕入計算書などの書類には、書類を発行する買手側ではなく、売手側の登録番号を記載します。

22 税額の計算方法

インボイス制度がはじまるとインボイスに書いてある税額を1枚1枚集計しなくちゃならねえ。消費税の申告をするのにやたらと手間がかかるってんで、商人連中がブツブツ文句を言ってるらしいじゃねえか。

それなんだけどもよ、呉服屋の話によると、そんなに大騒ぎするようなシロモンでもねえらしいぜ。色んな計算方法が新たにできたんだけど、結局のところ、いまやってる計算方法でも構わねえってことで落ち着いたって話だぜ。

噂によると、よその国はどこもインボイスに書いてある税額を集計して申告しているらしいじゃねえか。これを「積上計算」というらしいんだが、日本はこの「積上計算」の他に割戻計算も認めてくれるということだ！

小売業や飲食店業の場合には、消費税額の端数を切捨てにしたレシートを発行するわけだから、売上税額の計算は割戻計算よりも積上計算のほうが絶対に有利になる…ということは、売上税額は積上計算にして、仕入税額は割戻計算でもいいってことなのか…。

今まで認めてきたんだからインボイスの時代になっても認めてくれるんじゃねえか？　これぞ正に「日本型インボイス制度」ということだぜ！

解説

　インボイス導入後でも、売上税額の計算は割戻方式が原則となります。ただし、インボイスに記載された税額を積み上げて計算することも認められます。

　仕入税額の計算は、インボイスに記載された税額を積み上げて計算する積上方式が原則とされていますが、タクシー代のように税額の記載がない簡易インボイスについては個々に割戻計算をする必要があります。

　また、売上税額の計算で割戻方式によることを条件に、仕入税額の計算でも割戻方式を採用することができます。売上税額は積上方式にして、仕入税額は割戻方式によるような「いいとこ取り」はできないこととなりますのでご注意ください。

◈売上税額の計算

○原則（総額割戻方式）

　課税標準額に対する消費税額は、税率の異なるごとに区分した税込課税売上高を割り戻して課税標準額を計算し、それぞれに税率を乗じて課税標準額に対する消費税額を計算します（消法45①）。

$$\boxed{\text{税込課税売上高の合計額}} \times \frac{100}{110}\left(\frac{100}{108}\right)$$

$$= 課税標準額（千円未満切捨）$$

課税標準額 × 7.8(6.24)% = 売上税額

○特例（適格請求書等積上方式）

　適格請求書発行事業者が、交付したインボイスの写しを保存している場合には、これらの書類に記載した消費税額等を積み上げて課税標準額

に対する消費税額を計算することができます（消法45⑤、消令62）。

　なお、上記の「総額割戻方式」と「適格請求書等積上方式」は、取引先単位又は事業単位で併用することもできますので、商品の売上高には「適格請求書等積上方式」を採用し、車両などの中古資産を売却した場合には「総額割戻方式」を採用するといったような税額計算の方法も検討する必要がありそうです（インボイス通達3-13）。

　インボイスに記載する消費税額等の端数を切捨てにした場合には、当然のことながら「適格請求書等積上方式」を採用した方が売上税額は少なくなるので税負担を圧縮することができます。

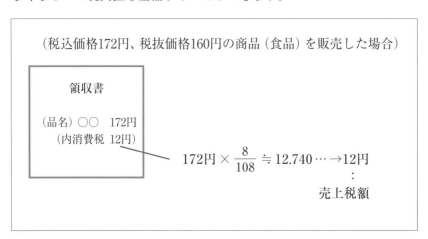

（税込価格172円、税抜価格160円の商品（食品）を販売した場合）

領収書

（品名）○○　172円
　（内消費税　12円）

$$172円 \times \frac{8}{108} ≒ 12.740 \cdots \rightarrow 12円$$
$$\vdots$$
売上税額

　ただし、売上税額の計算で「積上計算」を採用した場合には、仕入税額の計算で「総額割戻方式」を採用することはできません。

　売上税額の計算で「適格請求書等積上方式」を採用したい場合には、「請求書等積上方式」による仕入税額の計算は事務処理が煩雑になることから、「帳簿積上方式」の採用を検討するのが現実的ではないかと思われます。

◇◇**仕入税額の計算**

○原則（請求書等積上方式）

　課税仕入れに係る消費税額は、インボイスに記載された消費税額等を積み上げて計算します（消法30①、消令46①一〜五）。

　ただし、税込金額の記載だけで消費税額等の記載がない簡易インボイス、帳簿の保存だけで仕入税額控除が認められる旅費や中古建物の取得などについては、支払金額を割り戻して消費税額等を計算する必要があります（消令46①二かっこ書、六）。

　(注) 簡易インボイスの端数処理は任意ですので切上げ処理ができます。

　ただし、旅費や中古建物などについては、円未満の端数を切捨て又は四捨五入により計算します（切上げ処理はできません）。

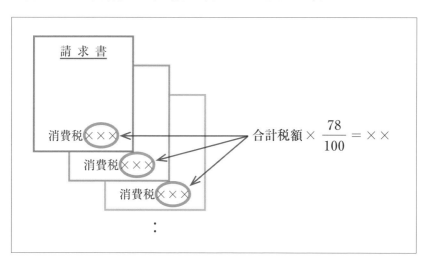

○特例１（帳簿積上方式）

　取引の都度、税込課税仕入高を割り戻し、１円未満の端数を切捨て又は四捨五入した消費税額等を帳簿に記載している場合には、帳簿に記載

した消費税額等の合計額をもとに仕入税額を計算することができます（消令46②）。

　この「帳簿積上方式」は、上記の「請求書等積上方式」と併用することができます（インボイス通達4－3・4－4）。

　請求書等積上方式は、取引ごとに税額を集計する必要がありますので、入力処理が煩雑になることが危惧されます。帳簿積上方式は、会計ソフトに税込金額を入力することにより消費税額等を自動計算できるので、効率と節税の面からも実用的な計算方法ではないかと思われます。

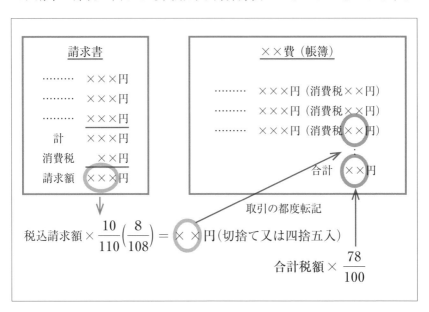

○特例2（総額割戻方式）

　売上税額の計算で「総額割戻方式」を採用している事業者は、税込課税仕入高を割り戻して仕入税額を計算することができます（消令46③）。

　この「総額割戻方式」は、売上税額の計算で「総額割戻方式」を採用

している場合に限り認められます。したがって、売上税額の計算で「適格請求書等積上方式」を採用した場合はもちろんのこと、「適格請求書等積上方式」と「総額割戻方式」を併用した場合であっても、仕入税額の計算で「総額割戻方式」を採用することはできません。

また、「総額割戻方式」は、「請求書等積上方式」や「帳簿積上方式」と併用することができません（インボイス通達3－13注2・4－3）。

$$\boxed{\text{税込課税仕入高の課税期間中の合計額}} \times \frac{7.8}{110} \left(\frac{6.24}{108}\right) = \text{仕入税額}$$

・売上税額の計算で「適格請求書等積上方式」を採用した場合には、仕入税額の計算で「総額割戻方式」を採用することはできません。

売上税額	仕入税額	要否
総額割戻方式	総額割戻方式	○
	帳簿積上方式	○
	請求書等積上方式	○
適格請求書等積上方式	請求書等積上方式	○
	帳簿積上方式	○
	総額割戻方式	×

売上税額の計算で「適格請求書等積上方式」と「総額割戻方式」を併用した場合であっても採用することはできない

23 委託（受託）販売とインボイス

八つぁん

日本橋の米問屋は、相も変わらず闇米（やみごめ）であぶく銭を稼いでるみてえだな。

熊さん

越後屋が米問屋から大量に米を仕入れて町民に法外な値段で売ってるって噂だろ。米問屋は越後屋を隠れ蓑にして、派手に儲けてるらしいじゃねえか。

越後屋は、米問屋からはほんの僅かな手数料しか貰ってねえとかぬかしてやがるようだが、それなりに旨い汁を吸ってることは間違いねえ。でも、自分ばかりが矢面に立たされて世間から守銭奴呼ばわりされるのが嫌になったみてえだな。

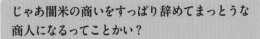

じゃあ闇米の商いをすっぱり辞めてまっとうな商人になるってことかい？

そんな真面目なタマなわけねえだろう…。噂によるとだな、今までは手数料だけを大福帳に付けてたんだが、受託販売じゃなくて、米問屋から闇米を仕入れて売る方式に変更したということだ。でも、番頭さんの話によると、米問屋との契約内容は変わってねえらしい…何だかよくわかんねえ話だな。

手数料商売でも売買でも儲けは大して変わらねえんじゃねえのかい？

◈委託(受託)販売の売上(仕入)高(消基通10－1－12)。

委託販売については、委託者は受託者の手数料を控除する前の総額を売上高に計上し、手数料を仕入高に計上する方法（総額処理）が原則とされています。

ただし、課税期間中の委託販売取引のすべてについて、手数料控除後の金額を売上高に計上することも認められます（純額処理）。

また、受託者は原則として委託者から収受する手数料を売上高に計上しますが、委託者から課税取引のみを委託されている場合には、受託商品の販売金額を課税売上高とし、委託者への送金額を課税仕入高に計上することも認められます（総額処理）。

	委託者の取扱い	受託者の取扱い
原則	売上高と手数料を両建計上する（総額処理）	委託販売手数料を売上計上する
例外	統一適用を条件に、手数料控除後の金額を売上計上する（純額処理）	委託者から課税取引のみを委託されている場合には、受託商品の販売金額を課税売上高とし、委託者への送金額を課税仕入高に計上する（総額処理）

㊟　軽減税率対象品について「例外」処理を採用することはできない(軽減通達16)。

【計算例】

商品の売上高が10,000で、受託者の手数料が2,000の場合の委託者と受託者の処理は下記のようになります。

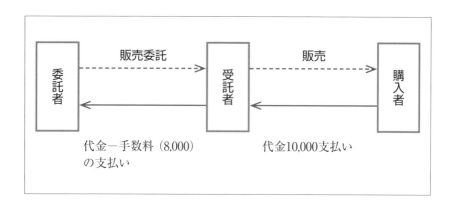

	委託者の取扱い	受託者の取扱い
原則	課税売上高　10,000 課税仕入高　2,000	課税売上高　2,000
例外	課税売上高　8,000 （10,000－2,000＝8,000）	課税売上高　10,000 課税仕入高　8,000

❖委託（受託）販売とインボイス

○委託者の取扱い

　総額処理の場合だけでなく、たとえ純額処理による場合であっても、受託者から交付を受けたインボイスの保存は必要です（インボイスQ＆A問95）。

　したがって、上記の【計算例】であれば、売上高10,000と仕入高（手数料）2,000を両建計上する方法（総額処理）と、手数料控除後の8,000だけを売上計上する方法（純額処理）とのいずれの方法による場合であっても、受託者が交付するインボイス（2,000）の保存が必要となります。

　なお、委託品が軽減税率対象品の場合には、委託品の譲渡には8％の軽減税率が適用されるのに対し、受託者の手数料には役務提供の対価と

して10%の標準税率が適用されることになります。したがって、委託者は純額処理によることはできませんのでご注意ください。

○受託者の取扱い

受託品が標準税率対象課税商品であることを条件に、総額処理によることができます。この場合における委託者への送金額は、委託者からの仕入商品につき、代金を支払った訳ではありませんので、委託者からインボイスの交付を受ける必要はありません（インボイスQ＆A問106）。

したがって、上記の【計算例】であれば、手数料収入2,000を売上計上する方法と、売上高10,000と仕入高8,000を両建計上する方法（総額処理）のいずれの方法による場合であっても、委託者への支払金額8,000について、インボイスを保存する必要はありません。

- 委託販売における委託者は、総額処理の場合だけでなく、たとえ純額処理による場合であっても、受託者から交付を受けたインボイスを保存する必要があります。
- 委託販売における受託者は、受託品が標準税率対象課税商品であることを条件に、総額処理によることができます。この場合における委託者への送金額は、委託者からの仕入商品につき、代金を支払った訳ではありませんので、委託者からインボイスの交付を受ける必要はありません。

八つぁん

24 登録の取消し

サブちゃんが元請に説得されて
ついに登録の決意をしたみてえ
だぜ。

熊さん

サブちゃんは確か配線工事の
下請をやってる個人事業者だ
よな。年間収入が500万円く
らいだと言ってたけど、よく
ぞ登録を決意したもんだ。

サブちゃんの話によると、払わなきゃ
いけなくなる消費税をざっくり見積
もって、その分だけ値上げしてもらう
ということで話がついたみてえだな。

年間収入が500万円だとすると、
納付する消費税は幾らくらいに
なるんだい？

建設業だとみなし仕入率は70％になる。そうすると、
ざっくり計算して15万円くらいになるのかな？

$$500万円 \times 10\% - 500万円 \times 10\% \times 70\% = 15万円$$
$$\cdots 納付税額$$

その「みなし仕入率」なんだけど、建設業は70%で本当にいいのかい？ 何でも材料の無償支給を受けてるとワンランク下がって60%しか引けねえらしいじゃねえか。そうすると、納付税額は5万円アップして20万円になると思うんだ。

500万円×10％－500万円×10％×60％＝20万円
…納付税額

サブちゃんにしてみるとこの5万円はでけえな…。「話が違うじゃねえか！」ってんで俺らに八つ当たりしてくるような気がするぜ。

実際問題として、材料を自分で調達してる小規模下請業者なんているのかい？ 下請業者は身体一つで現場で作業するわけだから、実際問題として70％のみなし仕入率が使える下請業者はほぼいねえような気がするな。

大工だったら大工道具を自分で調達していれば、材料自前持ちってことで70％のみなし仕入率が使えるんじゃねえか？

どうだろう…トンカチやノコギリも持ってねえ大工なんざ聞いたことねえぞ。「材料」ってのは、建設であれば材木や鉄筋、土木であれば砂利やセメントのことをいうと思うぜ。

ところで、いったん登録すると、登録取消届出書を提出しない限り永久に申告納税が必要になるんだよな。登録した後で気が変わって免税事業者に戻りたいなんてときには、いつまでに登録取消届出書を提出すればいいんだろう…。

噂によると令和5年度改正で期限が遅くなったらしいぜ。期末から30日前となってたのが、「翌課税期間の初日から起算して15日前」となるらしい。

なんだかわかりずれえ言い回しだな。個人事業者が翌年から免税事業者になりたいときは、1月1日から起算して（数えて）15日前は…12月18日になる。数え方間違ってねえかい？

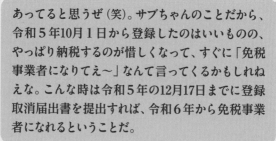

あってると思うぜ（笑）。サブちゃんのことだから、令和5年10月1日から登録したのはいいものの、やっぱり納税するのが惜しくなって、すぐに「免税事業者になりてえ〜」なんて言ってくるかもしれねえな。こんな時は令和5年の12月17日までに登録取消届出書を提出すれば、令和6年から免税事業者になれるということだ。

課税事業者選択届出書を提出すると、いわゆる「2年縛り」というのがあるけれど、個人事業者は令和11年まで課税事業者選択届出書は出さなくていいわけだから「2年縛り」もないハズだ。登録してすぐに取り消してまた登録してもいいんだろうな…。

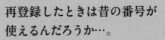

再登録したときは昔の番号が使えるんだろうか…。

税理士の登録番号じゃねえけど、登録を取り消すと永久欠番になるような気がするな…。いずれにせよ、いまからそんなことで悩まなくてもいいんじゃねえか（笑）

解説

　インボイスの登録を受けた適格請求書発行事業者は、登録取消届出書（適格請求書発行事業者の登録の取消しを求める旨の届出書）を提出しない限り、課税事業者として申告義務が発生します。

　適格請求書発行事業者が登録取消届出書を税務署長に提出した場合には、インボイスの登録が取り消され、インボイスの効力が失効します（消法57の2⑩一）。

　適格請求書発行事業者が翌年又は翌事業年度から登録を取り止めようとする場合には、その課税期間の初日から起算して15日前の日までに登録取消届出書を提出する必要があります（**消法57の2⑩一、消令70の5③**）。

　よって、個人事業者であれば、前年の12月17日が届出書の提出期限になります。

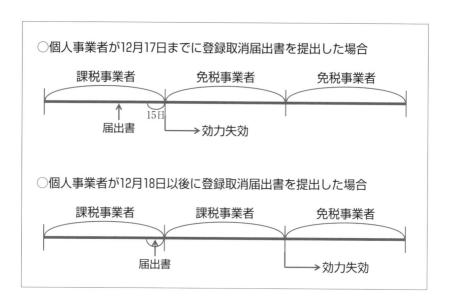

「課税事業者選択届出書」を提出した事業者は、「登録取消届出書」を提出した場合であっても、「課税事業者選択不適用届出書」を提出しない限り、免税事業者になることはできません。

また、「課税事業者選択不適用届出書」を提出した場合であっても、登録の効力が失効しない限り、免税事業者になることはできません。

「ダブルロック」により課税事業者として拘束されているということに注意する必要があります（インボイス通達２－５）。

◈**課税事業者としての拘束期間**

　令和 5 年10月 2 日以後に開始する課税期間から登録する免税事業者は、登録日から 2 年を経過する日の属する課税期間までは課税事業者として申告が義務付けられています（平成28年改正法附則44⑤）。よって、個人事業者が令和 6 年 1 月 1 日から登録した場合には、登録後すぐに登録取消届出書を提出しても、令和 7 年12月31日までは課税事業者として拘束されることになりますのでご注意ください。

◈**適格請求書発行事業者である期間の前後における取扱い**

　適格請求書発行事業者である期間の前後における取引に対する適格請求書・適格返還請求書の交付の有無は次のようになります。

①	登録前の売上げについて、登録後に売上げに係る対価の返還等を行う場合（インボイス通達 3 －14）	（登録前が免税事業者の場合） 「返還等対価に係る税額」の控除はできないこととなり、また、適格返還請求書の交付は不要となる。
		（登録前が課税事業者の場合） 「返還等対価に係る税額」の控除はできるが、適格返還請求書の交付は不要となる。
②	適格請求書発行事業者が適格請求書発行事業者でなくなった後、インボイスの交付を求められたとき（同通達 3 － 6 ）	インボイスを交付しなければならない。
③	適格請求書発行事業者だった課税期間中の売上げにつき、適格請求書発行事業者でなくなった後で対価の返還等をした場合（同通達3 －15）	適格返還請求書を交付しなければならない。

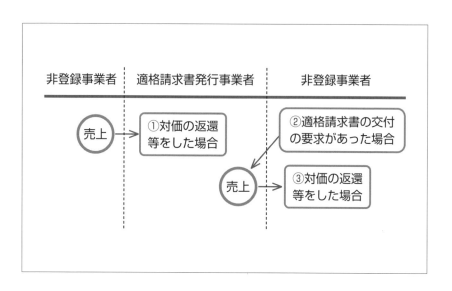

- 適格請求書発行事業者は、登録取消届出書を提出しない限り、課税事業者として申告義務が発生します。

- 適格請求書発行事業者が翌年又は翌事業年度から登録を取り止めようとする場合には、その課税期間の初日から起算して15日前の日までに登録取消届出書を提出する必要があります。

- 令和5年10月2日以後に開始する課税期間から登録する免税事業者は、登録日から2年を経過する日の属する課税期間までは課税事業者として申告が義務付けられています。

第3号様式

適格請求書発行事業者の登録の取消しを求める旨の届出書

収受印			
令和　年　月　日		（フリガナ）	（〒　　－　　　）
	届	納　税　地	
			（電話番号　　　－　　　－　　　）
	出	（フリガナ）	
		氏　名　又　は 名　称　及　び 代　表　者　氏　名	
	者	法　人　番　号	※　個人の方は個人番号の記載は不要です。
＿＿＿＿＿税務署長殿		登　録　番　号	Ｔ

　下記のとおり、適格請求書発行事業者の登録の取消しを求めますので、消費税法第57条の2第10項第1号の規定により届出します。

登録の効力を失う日	令和　　　年　　　月　　　日
	※　登録の効力を失う日は、届出書を提出した日の属する課税期間の翌課税期間の初日となります。 　　ただし、この届出書を翌課税期間の初日から起算して15日前の日を過ぎて提出した場合には、翌々課税期間の初日に効力を失うこととなります。 　　登録の効力を失った旨及びその年月日は、国税庁ホームページで公表されます。
適格請求書発行事業者の登録を受けた日	令和　　　年　　　月　　　日
参　考　事　項	
税　理　士　署　名	（電話番号　　　－　　　－　　　）

※税務署処理欄	整理番号		部門番号		通信日付印　　確認	
					年　月　日	
	届出年月日	年　月　日	入力処理	年　月　日	番号確認	

注意　1　記載要領等に留意の上、記載してください。
　　　2　税務署処理欄は、記載しないでください。

はつぁん

免税事業者みてえな非登録事業者からの仕入れについて、呉服屋が記帳のことで何やら困っているらしいんだ。

熊さん

呉服屋は越後屋と違って真面目一筋の江戸っ子だからな。大福帳に妙なことを書いて代官所（税務署）に難癖付けられるのが嫌なんだろう。呉服屋は一体何を悩んでいるんだい？

呉服屋はいつも税抜経理方式を採用しているんだが、おめえも知ってのとおり、非登録事業者からの課税仕入れについては当面8割だけ控除を認めることになっている。この場合の仮払消費税が幾らになるか悩んでいるらしいんだ。

支払金額に $\frac{10}{110}$ を掛けて仮払消費税を計算しちゃいけねえのかい？

例えば備品を11,000で購入したとする。売手が免税事業者だと、仕入税額控除の対象となるのは800だけになるわけだ。

$$11,000 \times \frac{10}{110} = 1,000 \qquad 1,000 \times 80\% = 800$$

呉服屋は、仮払消費税に計上できるのは1,000なのか800なのかで悩んでいるということだ。

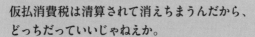

仮払消費税は清算されて消えちまうんだから、どっちだっていいじゃねえか。

（呆れながら）減価償却費が違ってくるだろうがよ…。仮払消費税に800しか計上しないとなると、差額の200はどこにいくんだい？

とりあえず仮払消費税に1,000計上しておいて、決算修正で消却すればいいんじゃねえのかい？控除できねえ200については、清算仕訳で貸方に滞留することになる。

固定資産につき発生した控除対象外消費税は、課税売上割合が80％以上であれば全額損金算入（費用計上）ができるわけだから、結果として、雑損失勘定か何かで処理することになるハズだ。特段気にする必要もねえと思うぜ。

…おめえ根本的にわかってねえな。

解説

※非登録事業者からの課税仕入れに係る経過措置

　免税事業者や消費者のほか、課税事業者でも登録を受けなければ適格請求書を発行することはできません。これらの適格請求書発行事業者以外の者（非登録事業者）からの課税仕入れについては、期間の経過に応

じて一定の金額を仕入税額として控除することが認められています。

　この場合には、区分記載請求書等保存方式の適用期間において要件とされていた「法定事項が記載された帳簿および請求書等の保存」が義務付けられています（平成28年改正法附則52、53）。また、帳簿には「80％控除対象」など、この経過措置の適用を受けたものである旨をあわせて記載することとされていますが、「※」や「☆」などの記号で表示し、これらの記号が経過措置の適用を受ける課税仕入れである旨を別途表示するような簡便的な記載方法でもよいこととされています（インボイスＱ＆Ａ問99）。

期間	非登録事業者からの課税仕入れの取扱い
～令和5年9月30日	「課税仕入れ等の税額×100％（全額）」を仕入控除税額の計算に取り込むことができる
令和5年10月1日～令和8年9月30日	「課税仕入れ等の税額×80％」を仕入控除税額の計算に取り込むことができる
令和8年10月1日～令和11年9月30日	「課税仕入れ等の税額×50％」を仕入控除税額の計算に取り込むことができる
令和11年10月1日～	非登録事業者からの課税仕入れは、原則として全額仕入税額控除の対象とすることはできない

◈経過措置の適用を受けた課税仕入れがある場合の税抜経理方式

　上記経過措置の適用を受け、税抜経理方式を採用した場合に仮払消費税を計上できるのは、課税仕入れ等の税額のうち、あくまでも仕入控除税額の計算に取り込まれる部分に限られることになります（新経理通達3の2－経過的取扱い(2)・14の2）。

【具体例】

　免税事業者から備品を110万円で購入した場合の仮払消費税の金額と減価償却資産の取得価額は次のようになります（単位：円）。

減価償却資産の取得期間	仮払消費税の金額	減価償却資産の取得価額
令和5年10月1日〜令和8年9月30日	$1,100,000 \times \frac{10}{110} = 100,000$ $100,000 \times 80\% = 80,000$	$1,100,000 - 80,000$ $= 1,020,000$
令和8年10月1日〜令和11年9月30日	$1,100,000 \times \frac{10}{110} = 100,000$ $100,000 \times 50\% = 50,000$	$1,100,000 - 50,000$ $= 1,050,000$
令和11年10月1日〜	ゼロ	1,100,000

　上記のように、課税仕入れ等の税額のうち、仮払消費税の金額を超える部分の金額は減価償却資産の取得価額に加算することとなるので、その超える部分の金額を控除対象外消費税額として認識することは認められません。

　なお、インボイス制度の下において、免税事業者が消費税等相当額を取引先に請求できるかどうかということは、あくまでも値決めの問題であり、インボイス類似書類と認定されない限り問題はないものと思われます。ただ、非登録事業者があからさまに消費税等相当額を上乗せして請求することは、商取引として問題があることもまた事実です。

　仮に上記【具体例】における備品の購入金額がジャスト100万円とした場合の仮払消費税等の金額と減価償却資産の取得価額は次のようになります（単位：円）。

減価償却資産の 取得期間	仮払消費税の 金額	減価償却資産の 取得価額
令和5年10月1日〜 令和8年9月30日	$1,000,000 \times \dfrac{10}{110} = 90,909$ $90,909 \times 80\% = 72,727$	$1,000,000 - 72,727$ $= 927,273$
令和8年10月1日〜 令和11年9月30日	$1,000,000 \times \dfrac{10}{110} = 90,909$ $90,909 \times 50\% = 45,454$	$1,000,000 - 45,454$ $= 954,546$
令和11年10月1日〜	ゼロ	1,000,000

- 非登録事業者からの課税仕入れについては、令和5年10月1日から令和8年9月30日までは課税仕入高の80％、令和8年10月1日から令和11年9月30日までは、課税仕入高の50％を仕入控除税額の計算に取り込むことができます。

- 経過措置の取扱いを受け、税抜経理方式を採用した場合に仮払消費税を計上できるのは、課税仕入れ等の税額のうち、あくまでも仕入控除税額の計算に取り込まれる部分に限られます。

- 課税仕入れ等の税額のうち、仮払消費税の金額を超える部分の金額は減価償却資産の取得価額に加算することとなるので、その超える部分の金額を控除対象外消費税額として認識することは認められません。

26 下請法と「2割特例」との関係はどうなる？

スギちゃんが元請と工事単価のことで
揉めてるらしいぜ。

スギちゃんの話によると、いったんは元請に説得
されてインボイスの登録をすることにしたそうだ。とこ
ろが、納税しなきゃいけねえってことを聞かされてな
かったもんだから、後から大騒ぎになったみてえだな。

お願いしてきたのは元請なんだから、申告と納税は
元請の責任でやってもらえばいいじゃねえか。

元請の負担が増えちまうからそういう
わけにもいかんだろう…。

大した金額じゃねえとは思うんだけど、スギ
ちゃんは年間でどれくらい稼いでるんだい？

前に聞いたときは確か700万円くらいだって
言ってたような気がするな。

簡易課税を使うと第3種事業で70%のみなし仕入率
が使えることになるから、納税額はだいたい21万円っ
てところだな。

（700万円×10%）−（700万円×10%×70%）＝21万円

（指を振りながら）前にも言ったと思うけど、材料自前持ちじゃねえと70%のみなし仕入率は使えねえんだよ。スギちゃんに限らずフリーで仕事してる一人親方なんぞは軒並み元請から材料を支給されるハズなんだ。そうすると、第4種事業でみなし仕入率は60%に下がるわけだから、納税額は28万円に増えることになるんだな。

（700万円×10%）−（700万円×10%×60%）＝28万円

そういえば、「軍手から地下足袋、作業着まで支給してくれるんで、自腹になるのは飯代とたばこ銭だけだ」って昔スギちゃんが言ってたような気がする。

元請業者の●△組もちゃんと下請に説明しねえとダメだよな。だまし討ちみてえなことをやると百姓一揆じゃねえけれども下請が暴動を起こすかもしれねえからな。

噂によると下請が登録しなくても元請は暫くの間は外注費の80%を仕入税額控除の対象にすることができるらしいじゃねえか。

どうやらスギちゃんはそれを聞きつけて●△組に文句を言ったらしいんだ。「登録しねえと消費税は払わねえ」って言われたもんで、渋々同意したのはいいものの、登録しなくても80％OKとなると、これまた話が違ってくるからな。

11万円の外注費（税込）だと、下請が登録してなくても8,000円の控除ができるということになるのかい？

$$110,000円 \times \frac{10}{110} \times 80\% = 8,000円$$

11万円も払ったら元請が損しちまうから、そんなには払わねえんじゃねえか？

外注費を108,000円にすれば元請の収支は合いそうだな。

$$108,000円 - \left(108,000円 \times \frac{10}{110} \times 80\%\right) = 100,146円$$
$$\fallingdotseq 100,000円$$

2,000円も減らされたらスギちゃんが納得しねえだろう。スギちゃんにしてみたら2,000円は大金だぜ。

そうすると、108,000円から110,000円の間で値決めをするということか…。下請にしてみれば手取りが減るし、元請にしてみれば仕入控除税額が減って納付税額が増えることになる。簡単には決まりそうもねえ感じだな…。

簡易課税だとみなし仕入率は60%になる。だったら下請は登録して納税するよりも登録しないで108,000円貰ったほうが儲かるんじゃねえかい？

$$110,000円 \times \frac{10}{110} \times (1 - 60\%) = 4,000円$$
$$\cdots 納付税額$$

$$110,000円 - 4,000円 = 106,000円 < 108,000円$$

確かにそのとおりだ！この80％控除の経過措置ってのは、悪戯に実務を面倒くさくしているだけで、インボイスの促進を阻害するだけの悪法のような気がしてきたぜ。そもそも免税事業者は納税していねえわけだから、仕入税額控除を認めること自体が間違っている。中途半端にアメ玉しゃぶらせるようなことをしても、問題は解決しねえような気がするな。

前から気になってたんだけど、そもそも何で免税事業者が消費税相当額を貰うことができるんだい？

インボイスがねえと課税事業者かどうかがわからねえからじゃねえのか？ 蕎麦屋でソバ食って代金に消費税が乗っかってた時に、「お宅は1,000万円も売上あるんですかい？」なんて聞く奴はいねえだろう。要は「貰っとかなきゃ損」ということなのさ。

「消費税です」って言って貰っときながら納税しないで懐に入れちまうことのほうが問題ありそうだな。「消費税です」って言って貰ってんなら払えばいいじゃねえか。

免税事業者は仕入税額控除もできねえからな。貰った消費税がまるまる懐に残ってるわけでもねえと思うぜ。

消費税が懐に残ってるのは免税の税理士だ（笑）

クマオー

突然に失礼します。実は令和5年度の税制改正で「2割特例」ってのができたらしいですよ。

いきなりしゃしゃり出てきやがっておめえ一体誰だ？

税理士の熊王というケチな野郎でございますが、みなさん私のことを「クマオー」と呼び捨てにしています。

クマオー先生とやらにお尋ねしますけれども、その「2割特例」ってのは簡易課税制度みたいな届出書の提出は必要なんですかい？

いっさい必要ありません。基準期間中の課税売上高が1,000万円以下であれば、簡易課税の届出書が出ていようがいまいが、売上税額の2割、言い換えれば、売上高の2％だけ納税すればいいというシンプルな制度です。ただし、確定申告書にその旨付記することが義務付けられています（平成28年改正法附則51の2③）。

$$\boxed{売上税額} - \boxed{売上税額 \times 80\%} = \boxed{売上税額 \times 20\%} \cdots 納税額$$

$$\downarrow \qquad\qquad\qquad\qquad\qquad \downarrow$$

$$\boxed{売上高 \times 10\%} \qquad\qquad \boxed{売上高 \times 2\%}$$

その「2割特例」ってのは、事実上、第2種事業として80％のみなし仕入率を使って申告できるってことですな。

そう考えてもらって構いません。ただ、もうちょっとだけ丁寧に説明すると、実際の取引金額には10%の消費税が含まれてますんで、ここから納税額を計算する場合には、売上高（税込）の1.8%くらいだと思っていただいていいと思います。

$$売上高（税込）\times \frac{100}{110} \times 2\% \fallingdotseq 1.8\%$$

そうすると、第1種事業でない限りは絶対に「2割特例」が有利になるということだ。さっそくスギちゃんに教えてやらなくちゃ！

ただ、3年間の期間限定となってるので、個人事業者だと令和8年分までしか使えません。また、基準期間中の課税売上高が1,000万円を超えた場合には、令和5年から令和8年までの間でも「2割特例」は使えませんので注意が必要です。

なるほど…そうすると、簡易課税が使えなくなった年とか特例制度の期限が過ぎたときのことを考えると、保険の意味も込めて簡易課税の届出書は出しといた方が安全かもしれねえな。

高額な自動車とか買ったりすると消費税が還付になる可能性もあります。簡易課税の適用を受けると絶対に還付にはなりませんのでそのあたりは慎重に判断するようにしてください。

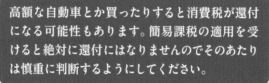

スギちゃんには高級車を買うような余裕はねえからその点は心配いらねえな（笑）

解説1

　免税事業者はインボイスの発行ができないため、取引先からの要請により、インボイスの登録申請をして適格請求書発行事業者となることが予想されます。この場合、適格請求書発行事業者になると消費税の申告義務が生ずるため、納付消費税額をコストとして負担しなければならないこととなります。

◈令和4年度改正と免税事業者に対する経過措置

　免税事業者のような適格請求書発行事業者でない者（非登録事業者）からの課税仕入れについては、令和5年10月1日から令和8年9月30日までは課税仕入高の80％、令和8年10月1日から令和11年9月30日までは課税仕入高の50％を仕入控除税額の計算に取り込むことが認められています（平成28年改正法附則52、53）。

　よって、免税事業者はこの経過措置も考慮に入れながら、登録の必要性と資金繰りを天秤にかけ、取引先との価格交渉に当たらなければなりません。つまり、登録の是非を慎重に判断する必要があるということです。

　令和4年度改正では、免税事業者が登録の必要性を見極めながら柔軟なタイミングで適格請求書発行事業者となれるようにするため、令和5年10月1日の属する課税期間だけでなく、令和5年10月1日の属する課税期間から令和11年9月30日の属する課税期間までの間、「課税事業者選択届出書」を提出することなく、登録申請書を提出することにより、適格請求書発行事業者となることを認めることとしました。また、年又は事業年度の中途から登録をすることもできます（平成28年改正法附則44④）。

　簡易課税制度についても、令和5年10月1日の属する課税期間から令和11年9月30日の属する課税期間において登録する免税事業者について

は、適用を受けようとする課税期間中に「簡易課税制度選択届出書」を提出することにより、提出日の属する課税期間から簡易課税により仕入控除税額を計算することができます。

【具体例】

　個人事業者であれば、登録申請書を提出することにより、令和5年から令和11年分までの任意の年（課税期間）について適格請求書発行事業者になることができます。また、令和6年10月1日といったように、年の中途からの登録も認められます。

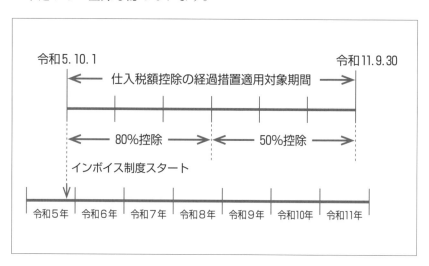

◈免税事業者とインボイス制度

　財務省は、公正取引委員会・経済産業省・中小企業庁・国土交通省との連名で、「免税事業者及びその取引先のインボイス制度への対応に関するQ＆A」を令和4年1月19日に公表（令和4年3月8日に改正）しました（詳細については Ⅲ をご参照ください）。

このQ&Aには、概ね下記のようなことが書かれています。

- 発注者（買手）が下請事業者に対して、免税事業者であることを理由にして、消費税相当額の一部又は全部を支払わない行為は、下請法で禁止されている「下請代金の減額」として下請法違反となります。

- 下請事業者が課税事業者になったにもかかわらず、免税事業者であることを前提に行われた単価からの交渉に応じず、一方的に従来どおりに単価を据え置いて発注する行為は、下請法で禁止されている「買いたたき」として下請法違反となるおそれがあります。

- 課税事業者になるよう要請すること自体は独占禁止法上問題になりませんが、それにとどまらず、課税事業者にならなければ取引価格を引き下げる、それにも応じなければ取引を打ち切るなどと一方的に通告することは、独占禁止法上問題となるおそれがあります。また、課税事業者となるに際し、価格交渉の場において明示的な協議なしに価格を据え置く場合も同様です。

- 元請負人（下請契約の注文者）が、自己の取引上の地位を不当に利用して、免税事業者である下請負人に対して、一方的に消費税相当額の一部又は全部を支払わない（減額する）行為により、請負金額がその工事を施工するために通常必要と認められる原価に満たない金額となる場合には、「不当に低い請負代金の禁止」の規定により建設業法違反となります。

◈価格交渉と経過措置の関係

　実務上は、売上高が1,000万円以下の下請事業者は、材料の無償支給を受ける建設業の下請（第4種事業）やエンジニアなどの第5種事業に該

当する事業者が大半だと思われます。下請事業者にしてみれば、登録することにより確実に納税額だけ手取額が減少することになりますので、取引価格を下げられても免税事業者でいようとするケースは少なくないように思われます。

　なお、取引先に登録を要請したものの、登録を承諾して貰えないようなケースも実際にはでてくるものと思われます。このような場合において、価格交渉をした結果として取引が打ち切りになることもあるわけですから、このようなケースについてまでも、独占禁止法上問題となる行為に該当するわけではありません。

◇登録取消届出書の効力と経過措置

　インボイスの登録をやめようとする場合には登録取消届出書を提出する必要があるわけですが、消費税法を読む限り、登録取消届出書に関する経過措置はありません。よって、令和5年10月1日以後でなければ登録取消届出書は提出できないことになるようです。

　そうすると、いったん登録した事業者は、申告と納税をしてからでなければ免税事業者になることはできないのでしょうか…？？？

　例えば、令和5年10月1日から登録した個人事業者は、10月17日までに登録取消届出書を提出することにより、11月1日から登録申請書の効力が失効して免税事業者になることができます。結果、10月一月分だけは、申告と納税が必要になってしまうのでしょうか…。

※個人的な意見ではありますが、インボイスの登録は必要ないということが令和5年9月30日までに判明した場合には、登録申請書の取り下げを認めるべきではないかと考えます。また、実務上登録申請書の取り下げを認めているのであるならば、中途半端に非公開にせず、ホームページにアップすることなども検討すべきではないでしょうか？

- 免税事業者は、80（50）％控除の経過措置を考慮に入れながら、登録の必要性と資金繰りを天秤にかけ、取引先との価格交渉に当たる必要があります。

- 下請事業者が免税事業者であることを理由に、消費税相当額の支払いや単価交渉を拒否することは、下請法違反となるおそれがありますので注意が必要です。

- 課税事業者になるよう要請すること自体は問題ありませんが、課税事業者にならない場合の取引価格の引き下げや取引の打ち切りなどを一方的に通告することは、独占禁止法上問題となるおそれがあります。

- 下請事業者が課税事業者となるに際し、明示的な協議なしに価格を据え置くことは独占禁止法上問題となるおそれがあります。

- 実務上は、売上高が1,000万円以下の下請事業者は、登録することにより確実に納税額だけ手取額が減少することになりますので、取引価格を下げられても免税事業者でいようとするケースは少なくないように思われます。

- 取引先に登録を要請したものの、登録を承諾して貰えないようなケースでは、結果として取引が打ち切りになることもやむを得ないものと思われます。

解説2 ～「2割特例」とは？

「2割特例」とは、免税事業者がインボイスの登録事業者を選択した場合には、その課税期間における課税標準額に対する消費税額から控除する仕入税額（特別控除税額）を、その課税標準額に対する消費税額の8割とする制度です（平成28年改正法附則51の2）。

結果、納税額は課税標準額に対する消費税額の2割となるので、簡易課税制度の適用を受け、第2種事業として申告する場合と納税額は同額になります。

◈「課税事業者選択届出書」と「2割特例」の関係

「課税事業者選択届出書」の提出により、<u>令和5年10月1日前から引き続き課税事業者となっている事業者</u>は、令和5年10月1日の属する課税期間について「2割特例」を適用することはできません。

〈具体例1〉

令和3年中に「課税事業者選択届出書」を提出した個人事業者が、令和4年分の申告で消費税の還付を受けるケース

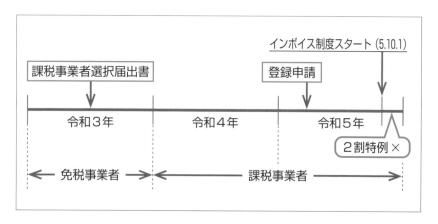

上記の〈**具体例1**〉では、「課税事業者選択届出書」の提出により、令和5年10月1日前から引き続き課税事業者となっています。よって、令和5年分の申告で「2割特例」の適用を受けることはできません。

なお、「課税事業者選択届出書」の提出により「2割特例」の適用が制限されるのは、令和5年10月1日にまたがる課税期間に限定されています。よって、下記〈**具体例2**〉のケースでは、令和5年中に税抜金額で100万円以上の固定資産（調整対象固定資産）を取得しない限り、令和6年分の申告で「2割特例」を適用することができます。

（注）令和5年中に調整対象固定資産を取得した場合には、令和6年と令和7年は「2割特例」の適用を受けることができません。

〈**具体例2**〉

令和4年中に「課税事業者選択届出書」を提出した個人事業者が、令和5年分の申告で商品の仕入れなどについて消費税の還付を受けるケース

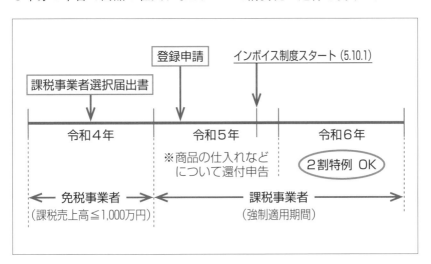

また、「課税事業者選択届出書」の提出により、令和5年10月1日の属する課税期間から課税事業者となる事業者は、その令和5年10月1日の属する課税期間中に「課税事業者選択不適用届出書」を提出することにより、提出日の属する課税期間（令和5年10月1日の属する課税期間）から「課税事業者選択届出書」の効力を失効させることが認められています。

〈具体例3〉
　令和4年中に「課税事業者選択届出書」を提出し、令和5年から課税事業者になる個人事業者が、令和5年中に「課税事業者選択不適用届出書」を提出して「課税事業者選択届出書」の効力を失効させるケース

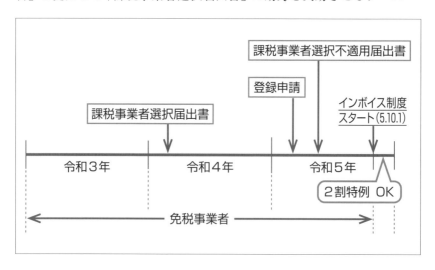

　上記の〈具体例3〉では、「課税事業者選択届出書」の提出により課税事業者となったのは令和5年10月1日の属する課税期間（令和5年）であることから、令和5年中に「課税事業者選択不適用届出書」を提出す

ることにより「課税事業者選択届出書」の効力を失効させ、「２割特例」
の適用を受けることができます。

◈ 適用対象期間

　「２割特例」は、令和５年10月１日から令和８年９月30日までの<u>日の
属する各課税期間</u>において適用することができます。

　「令和５年10月１日から令和８年９月30日までの間」という期間限定
ではないので注意する必要があります。

　よって、個人事業者であれば令和８年まで、３月決算法人であれば令
和９年３月決算期まで「２割特例」が適用できることになります。

　「２割特例」は、インボイスの登録をしなければ免税事業者となる小
規模事業者を対象とするものです。よって、「２割特例」の適用を受け
た後の課税期間において、基準期間（特定期間）中の課税売上高が1,000
万円を超えたような場合には「２割特例」の適用はありません。

　また、小規模事業者の計算の簡便化のために創設された制度なので、
課税期間を短縮している場合についても適用を受けることはできません。

〈具体例〉

　個人事業者の各年における課税売上高が下表のように推移した場合、
基準期間における課税売上高が1,000万円を超える課税期間については
「２割特例」を適用することができません。

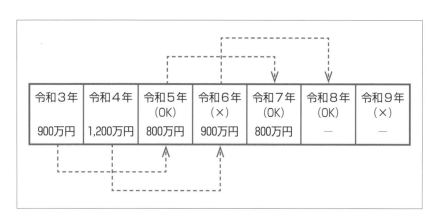

令和３年	令和４年	令和５年 (OK)	令和６年 (×)	令和７年 (OK)	令和８年 (OK)	令和９年 (×)
900万円	1,200万円	800万円	900万円	800万円	—	—

(注) 令和９年の基準期間(令和７年)における課税売上高は1,000万円以下です
が、令和９年は「２割特例」の適用対象期間ではありません。

◈「２割特例」に関する届出書の提出義務

「２割特例」については届出書の提出義務はありませんが、確定申告
書にその旨を付記することが義務付けられています。

申告書の右側に「税額控除に係る経過措置の適用（２割特例）」とい
う欄が新たに設けられましたので、ここに２割特例の適用の有無を記載
します。また、「付表６　税率別消費税額計算表〔小規模事業者に係る
税額控除に関する経過措置を適用する課税期間用〕」という様式が新設
されましたので、計算過程はこの付表に記載することになります。

◈「簡易課税制度選択届出書」との関係

1　「２割特例」との有利選択はできるか？

簡易課税制度選択届出書が提出済であったとしても、申告時に簡易課
税によるか２割特例によるかを選択することができます。

また、「簡易課税制度選択届出書」を提出していない場合には、申告

時に本則課税によるか2割特例によるかを選択することができます。

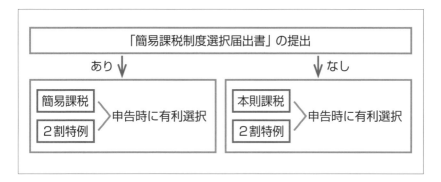

2　「簡易課税制度選択届出書」の提出期限

　「2割特例」の適用を受けた登録事業者が、その翌課税期間中に「簡易課税制度選択届出書」を提出した場合には、その提出日の属する課税期間から簡易課税により申告することができます。

〈具体例1〉

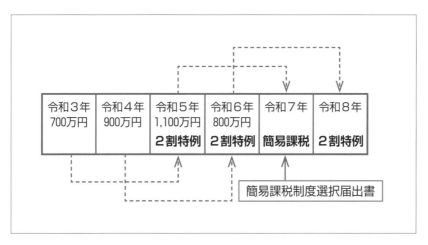

〈具体例２〉

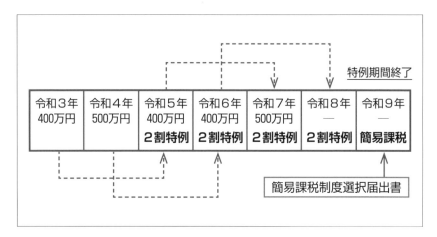

※免税事業者である個人事業者が登録日の属する課税期間から簡易課税制度の適用を受けようとする場合には、その課税期間中に「簡易課税制度選択届出書」を提出すればよいこととされています。ただし、設備投資などの計画がない場合には、基準期間における課税売上高が1,000万円を超えた場合や適用対象期間が経過して「２割特例」が使えなくなったときに備え、あらかじめ「簡易課税制度選択届出書」を提出しておくことも検討する必要がありそうです。

3 「簡易課税制度選択届出書」の取り下げ

　免税事業者は登録日の属する課税期間中に「簡易課税制度選択届出書」を提出することにより、その課税期間から簡易課税制度の適用を受けることができます。そこで、登録日の属する課税期間中に「簡易課税制度選択届出書」を提出した事業者は、その課税期間中に「簡易課税制度選択届出書」の取下書を提出することにより簡易課税の効力を失効させ、本則課税に変更することが認められています（財務省「インボイス

制度の負担軽減措置のよくある質問とその回答」（令和5年3月31日時点）問7）。

(注)「取下書」には、提出日、届出書の様式名（表題）、提出方法（書面又はe-Tax）、届出者の氏名・名称、納税地、届出書を取り下げる旨の記載をし、署名をして所轄税務署に提出することとされていますが、「取下書」の書式は定められていません。

- 「課税事業者選択届出書」の提出により、令和5年10月1日前から引き続き課税事業者となっている事業者は、令和5年10月1日の属する課税期間について「2割特例」を適用することはできません。

- 「課税事業者選択届出書」の提出により、令和5年10月1日の属する課税期間から課税事業者となる事業者は、その課税期間中に「課税事業者選択不適用届出書」を提出することにより、提出日の属する課税期間から「課税事業者選択届出書」の効力を失効させることができます。

- 課税期間を短縮している事業者は「2割特例」の適用を受けることはできません。

- 「2割特例」は、令和5年10月1日から令和8年9月30日までの日の属する各課税期間において適用することができます。よって、個人事業者であれば令和8年まで、3月決算法人であれば令和9年3月決算期まで「2割特例」が適用できることになります。

- 「2割特例」の適用を受けた後の課税期間において、基準期間（特定期間）における課税売上高が1,000万円を超えた場合のほか、納税義務免除の特例規定の適用を受けて課税事業者となるようなケースでは「2割特例」の適用を受けることはできません。

- 簡易課税制度選択届出書が提出済であったとしても、申告時に簡易課税によるか2割特例によるかを選択適用できます。また、「簡易課税制度選択届出書」を提出していない場合には、申告時に本則課税によるか2割特例によるかを選択適用できます。

- 「2割特例」の適用を受けた登録事業者が、その翌課税期間中に「簡易課税制度選択届出書」を提出した場合には、その提出日の属する課税期間から簡易課税により申告することができます。

- 免税事業者である個人事業者が登録日の属する課税期間から簡易課税制度の適用を受けようとする場合には、その課税期間中に「簡易課税制度選択届出書」を提出すればよいこととされています。ただし、設備投資などの計画がない場合には、基準期間における課税売上高が1,000万円を超えた場合や適用対象期間が経過して「2割特例」が使えなくなったときに備え、あらかじめ「簡易課税制度選択届出書」を提出しておくことも検討する必要がありそうです。

- 免税事業者は登録日の属する課税期間中に「簡易課税制度選択届出書」を提出することにより、その課税期間から簡易課税制度の適用を受けることができます。そこで、登録日の属する課税期間中に「簡易課税制度選択届出書」を提出した事業者は、その課税期間中に「簡易課税制度選択届出書」の取下書を提出することにより簡易課税の効力を失効させ、本則課税に変更することが認められています。

第3-(1)号様式

| | （個人の方）振替継続希望 | |

納税地 （電話番号 - - ）

（フリガナ）
名　称
又は屋号

個人番号
又は法人番号

個人番号の記載に当たっては、左端を空欄とし、ここから記載してください。

（フリガナ）
代表者氏名
又は氏名

自 平成・令和 [ ][ ] 年 [ ][ ] 月 [ ][ ] 日
至 令和 [ ][ ] 年 [ ][ ] 月 [ ][ ] 日

課税期間分の消費税及び地方
消費税の（　　　　）申告書

中間申告の場合の対象期間
自 平成・令和 [ ][ ] 年 [ ][ ] 月 [ ][ ] 日
至 令和 [ ][ ] 年 [ ][ ] 月 [ ][ ] 日

第一表

令和五年十月一日以後終了課税期間分一般用

この申告書による消費税の税額の計算

		十 億 千 百 十 万 千 百 十 円
課税標準額	①	0 0 0
消費税額	②	
控除過大調整税額	③	
控除税額 控除対象仕入税額	④	
返還等対価に係る税額	⑤	
貸倒れに係る税額	⑥	
控除税額小計（④＋⑤＋⑥）	⑦	
控除不足還付税額（⑦－②－③）	⑧	
差引税額（②＋③－⑦）	⑨	0 0
中間納付税額	⑩	0 0
納付税額（⑨－⑩）	⑪	0 0
中間納付還付税額（⑩－⑨）	⑫	0 0
この申告書が修正申告である場合 既確定税額	⑬	
差引納付税額	⑭	0 0
課税売上割合 課税資産の譲渡等の対価の額	⑮	
資産の譲渡等の対価の額	⑯	

この申告書による地方消費税の税額の計算

地方消費税の課税標準となる消費税額 控除不足還付税額	⑰	
差引税額	⑱	0 0
譲渡割額 還付額	⑲	
納税額	⑳	0 0
中間納付譲渡割額	㉑	0 0
納付譲渡割額（⑳－㉑）	㉒	0 0
中間納付還付譲渡割額（㉑－⑳）	㉓	0 0
この申告書が修正申告である場合 既確定譲渡割額	㉔	
差引納付譲渡割額	㉕	0 0
消費税及び地方消費税の合計（納付又は還付）税額	㉖	0 0

※㉖＝⑪＋⑳－（⑫＋㉑）・修正申告の場合㉖＝⑭＋㉕
㉖が還付税額となる場合はマイナス「－」を付してください。

付記事項

割賦基準の適用	有 / 無
延払基準等の適用	有 / 無
工事進行基準の適用	有 / 無
現金主義会計の適用	有 / 無
課税標準額に対する消費税額の計算の特例の適用	有 / 無

参考事項
課税売上高5億円超又は課税売上割合95％未満
上記以外
基準期間の課税売上高　　千円

控除税額控除に係る経過措置の適用（2割特例）

> 2割特例の適用を受ける場合は○を囲みます。（簡易課税用申告書は次頁）

還付を受けようとする金融機関等
銀行・金庫・組合・農協・漁協　本店・支店・出張所・本所・支所
預金　口座番号
ゆうちょ銀行の貯金記号番号
郵便局名等

（個人の方）公金受取口座の利用
※税務署整理欄

税理士署名
（電話番号 - - ）

税理士法第30条の書面提出有
税理士法第33条の2の書面提出有

第3-(3)号様式

令和　　年　　月　　日　　　　　　　　　　税務署長殿

納税地

（電話番号　　　－　　　－　　　）

（フリガナ）
名　　称
又は屋号

個人番号
又は法人番号

i 個人番号の記載に当たっては、左端を空欄とし、ここから記載してください。

（フリガナ）
代表者氏名
又は氏名

※税務署処理欄

○（個人の方）振替継続希望

簡

第一表

令和五年十月一日以後終了課税期間分（簡易課税用）

所管	要否	整理番号								

申告年月日　令和　　年　　月　　日

申告区分	指導等	庁指定	局指定

| 通信日付印 | 確認 | 添付書類 | 個人番号カード
通知カード・運転免許証
その他（　　　） | 身元確認 |
|---|---|---|---|---|

	指導	年　月　日	相談	区分1	区分2	区分3

令和

自　平成／令和　　年　　月　　日
至　令和　　年　　月　　日

課税期間分の消費税及び地方
消費税の（　　　　　）申告書

中間申告の場合の対象期間　自　平成／令和　　年　　月　　日　至　令和　　年　　月　　日

この申告書による消費税の税額の計算

			000	03
課税標準額	①			
消費税額	②			06
貸倒回収に係る消費税額	③			07
控除税額　控除対象仕入税額	④			08
返還等対価に係る税額	⑤			09
貸倒れに係る税額	⑥			10
控除税額小計（④＋⑤＋⑥）	⑦			11
控除不足還付税額（⑦－②－③）	⑧			13
差引税額（②＋③－⑦）	⑨		00	15
中間納付税額	⑩		00	16
納付税額（⑨－⑩）	⑪		00	17
中間納付還付税額（⑩－⑨）	⑫		00	18
この申告書が修正申告である場合　既確定税額	⑬			19
差引納付税額	⑭		00	20
この課税期間の課税売上高	⑮			21
基準期間の課税売上高	⑯			

この申告書による地方消費税の税額の計算

地方消費税の課税標準となる消費税額	控除不足還付税額	⑰			51
	差引税額	⑱			52
譲渡割額	還付額	⑲			53
	納税額	⑳		00	54
中間納付譲渡割額	㉑		00	55
納付譲渡割額（⑳－㉑）	㉒		00	56
中間納付還付譲渡割額（㉑－⑳）	㉓		00	57
この申告書が修正申告である場合　既確定譲渡割額	㉔			58
差引納付譲渡割額	㉕		00	59

消費税及び地方消費税の合計（納付又は還付）税額	㉖		00	60

㉖＝⑪＋⑫－⑭＋⑫＋⑲＋㉒・修正申告の場合㉖＝⑭＋㉕
㉖が還付税額となる場合はマイナス「－」を付してください。

付記事項／参考事項

割賦基準の適用	○有	○無	31
延払基準等の適用	○有	○無	32
工事進行基準の適用	○有	○無	33
現金主義会計の適用	○有	○無	34
課税標準額に対する消費税額の計算の特例の適用	○有	○無	35

事業区分	課税売上高（免税売上高を除く）	売上割合％	
第1種	千円		36
第2種			37
第3種			38
第4種			39
第5種			42
第6種			43

特例計算適用（令57③）	○有	○無	

税額控除に係る経過措置の適用（2割特例）◄

還付を受けようとする金融機関等	銀行・金庫・組合・農協・漁協	本店・支店　出張所　本所・支所
	預金口座番号	
	ゆうちょ銀行の貯金記号番号	－
	郵便局名等	

（個人の方）公金受取口座の利用

※税務署整理欄

税理士署名	
	（電話番号　　－　　－　　）

○税理士法第30条の書面提出有
○税理士法第33条の2の書面提出有

2割特例の適用を受ける場合は○を囲みます。

Ⅱ

登録申請編

1 登録申請書の書き方と留意点

　「適格請求書発行事業者の登録申請書」は、申請期間により、下記のように3区分されています。さらに、それぞれについて国内事業者用と国外事業者用がありますので、「3×2」で6種類の様式があることになります。

　本書では、令和5年10月1日から登録する個人事業者について、第1－(1)号様式（国内事業者用）の書き方を確認することとします。

申請期間		様式
令和3年10月1日～令和5年9月30日までの間に提出する場合	国内事業者用	第1－(1)号様式（1／2～2／2）
	国外事業者用	第1－(2)号様式（1／3～3／3）
令和5年10月1日～令和12年9月29日までの間に提出する場合	国内事業者用	第1－(3)号様式（1／2～2／2）
	国外事業者用	第1－(4)号様式（1／3～3／3）
令和12年9月30日以後提出する場合	国内事業者用	第1－(5)号様式（1／2～2／2）
	国外事業者用	第1－(6)号様式（1／3～3／3）

　令和3年10月1日からスタートしたインボイスの登録申請ですが、ここにきて、登録申請書（第1－(1)号様式）の記載方法についての質問が著者の下に数多く寄せられています。そこで、第2部ではこの登録申請書の記載方法について（手取り足取り）確認することにしました。

　なお、登録申請書の雛型は、個人事業者と法人とで記載箇所や記載事項が若干異なっていますので、法人の記載例については208頁～209頁の「記載例」をご参照ください。

　また、下記の事柄を前提に、シンプルに説明していることをご承知おきください。

- 課税期間は暦年です（課税期間は短縮していません。）。
- 納税管理人を定める必要のない事業者です。
- 消費税法に違反して罰金以上の刑に処せられたことはありません。
- 国外事業者の説明は省略しています。

　事業者が令和5年10月1日に登録を受けようとする場合の申請期限は令和5年3月31日ですが、特定期間中の課税売上高等が1,000万円を超えたことにより課税事業者となる事業者の申請期限は6月30日まで延長されています（平成28年改正法附則44①）。

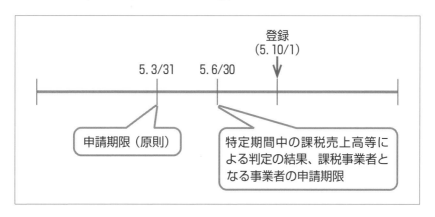

　また、これらの期限までに登録申請書を提出することが困難な場合には、令和5年9月30日までに登録申請書を提出することにより、令和5年10月1日に登録を受けたものとみなされます（平成30年改正令附則15）。

　この場合において、登録申請書には困難な事情を記載しなくてもよいこととなりました。

　ところで、申請期限ギリギリの令和5年8月～9月頃になってから登録申請をした場合には、実際の登録日が令和5年10月1日後にずれこむ

ことも想定されます。このような場合には、その課税期間の初日に登録を受けたものとみなすこととされているので、登録通知を受け取った後に登録番号を取引先に通知すれば、通知前に交付した請求書等はインボイスとしての効力を有することになります。

　ただし、令和5年10月1日以後に発行する請求書等は、インボイスの通知が届くまでの間は登録番号を記載することはできません。法人の登録番号は法人番号であることをもって、インボイスの通知が届く前に法人番号を登録番号として請求書等に記載することは認められないので注意が必要です。

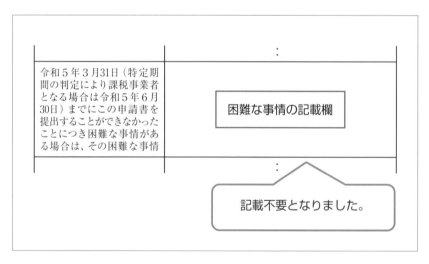

〈留意点〉

• 「第1−(1)号様式」は、令和5年10月1日から令和6年3月31日までのいずれかの日に登録を受けようとする事業者が提出する申請書です。

　したがって、令和3年10月1日〜令和5年9月30日までの間に提出する場合であれば、個人事業者が令和5年10月1日から登録を希望す

る場合はもとより、令和5年11月1日、令和6年1月1日といったよ
うな登録希望日であってもこの申請書を使用することになります。
• 登録申請書は初葉と次葉でワンセットになっています。「次葉」の
　書き漏れがないように注意してください。

　令和4年1月1日から令和5年9月30日までの間に個人事業者がイン
ボイスの登録申請をするケースについて、登録申請書の記載要領に沿っ
て、下表の申請パターン（番号）別に確認します。

| | 登録申請をする年 | 納税義務 | | 番号 |
		令和4年	令和5年	
申請パターン	令和4年中	課税事業者	課税事業者	①
		免税事業者	免税事業者	②
		免税事業者	課税事業者	③
		課税事業者	免税事業者	④
	令和5年1月1日〜9月30日	—	課税事業者	⑤
			免税事業者	⑥

※令和4年中の登録申請（①〜④）については解説を省略します。

　なお、基準期間における課税売上高が1,000万円以下であっても、下記
のいずれかに該当する場合には課税事業者となりますのでご注意くだ
さい。

- • 「課税事業者選択届出書」を提出している場合
- • 特定期間中の課税売上高等が1,000万円を超える場合
- • 相続による事業承継があった場合の特例が適用される場合（消法10）

2 登録申請書の記載順序と記載事項

【1／2】

「申請者」欄	・「住所又は居所」の欄に住所地（居所地）を記載します。 ・「納税地」の欄には原則として住所地（居所地）を書きますが、事務所等の所在地に所得税の申告をしている場合には、消費税の納税地も事務所等の所在地になります。 ・「氏名又は名称」の欄には、個人事業者のフルネームを記載します。姓と名の間は1文字空けてください。また、屋号は記載しないでください。 ※屋号の公表を希望する場合には、「適格請求書発行事業者の公表事項の公表（変更）申出書」（210頁参照）を提出します。
「事業者区分」欄	・申請書を提出する時点において、課税事業者と免税事業者のいずれに該当するかを☑します。 ※令和5年における納税義務の有無ではありません。

☑ 免税事業者

☑ 課税事業者

【2／2】

「免税事業者の確認」欄 ※令和5年10月1日から登録する場合には、「登録希望日」欄の記載は不要です。	• 令和5年10月1日から登録する場合で、令和5年1月1日～9月30日が免税事業者の場合 ➡上欄の☐枠に☑します。 ※個人番号を記載し、本人確認書類の写しを添付します。
	• 令和5年10月1日から登録する場合で、令和5年1月1日から課税事業者の場合 ➡下欄の☐枠に☑します。
「登録要件の確認」欄	• 「課税事業者です。」の欄は必ず「はい」に☑します。 • 「納税管理人を定める必要のない事業者です。」の欄は「はい」に☑します。 • 「消費税法に違反して罰金以上の刑に処せられたことはありません。」の欄は「はい」に☑します。 ※「加算税」や「延滞税」は罰金ではありません。

3 令和5年中の登録申請

◈**令和5年が課税事業者の場合**（番号⑤のケース）

　令和5年が課税事業者の場合とは、基準期間（前々年）である令和3年の課税売上高が1,000万円を超えている場合です。

【1／2】

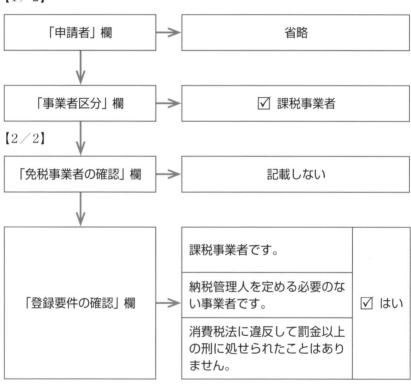

◈ 令和5年が免税事業者の場合（番号⑥のケース）

令和5年が免税事業者の場合とは、基準期間（前々年）である令和3年の課税売上高が1,000万円以下の場合です。

【1／2】

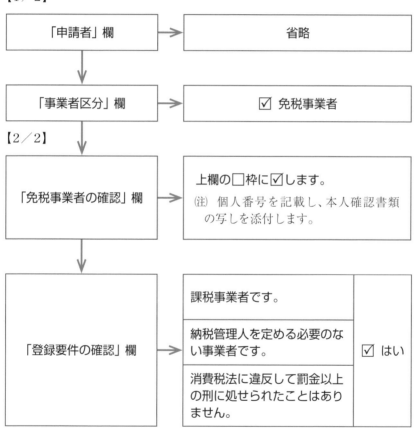

「申請者」欄	→	省略

「事業者区分」欄	→	☑ 免税事業者

【2／2】

「免税事業者の確認」欄	→	上欄の□枠に☑します。 (注) 個人番号を記載し、本人確認書類の写しを添付します。

「登録要件の確認」欄	→	課税事業者です。	
		納税管理人を定める必要のない事業者です。	☑ はい
		消費税法に違反して罰金以上の刑に処せられたことはありません。	

登録申請書の書き方 フローチャート （個人事業者や12月決算の法人が令和5年中に申請する場合）

令和5年1月

Check 登録申請書（国内事業者用）のうち、申請者の状況により特に注意が必要な表面の「事業者区分」欄と裏面の「免税事業者の確認」欄の書き方をケースごとに説明しています。
その2つ以外の欄については、「記載例（個人事業者用）」、「記載例（法人用）」を参照して、記載してください。

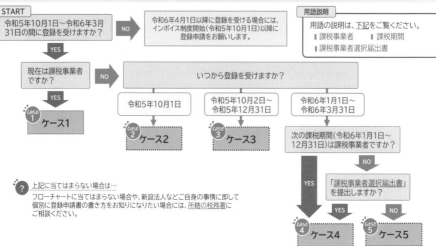

上記に当てはまらない場合は…
フローチャートに当てはまらない場合や、新設法人などご自身の事情に即して
個別に登録申請書の書き方をお知りになりたい場合には、所轄の税務署に
ご相談ください。

【例】 ：個人事業者や12月決算の法人（事業年度１年）

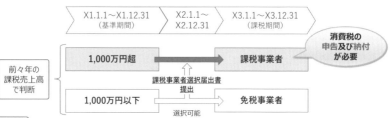

用語説明

■ 課税事業者
　事業者のうち、以下の①～③のいずれかに該当する者をいいます。
　　① 基準期間の課税売上高が1,000万円を超える事業者
　　② 「課税事業者選択届出書」を提出して課税事業者を選択している事業者
　　③ 新設法人又は特定新規設立法人に該当する事業者

■ 課税期間
　納付すべき消費税額の計算の基礎となる期間です。
　原則として、個人事業者の方は暦年、法人の方は事業年度をいいます。

■ 課税事業者選択届出書
　消費税の課税事業者となるために、免税事業者の方が提出する届出書です。

さらに詳しくお知りになりたい方は、「消費税のあらまし（令和4年6月）」をご参照ください。

消費税のあらまし

case 1

令和5年(提出時)**が課税事業者の方**(個人事業者・12月決算の法人)

初葉【1/2】

「事業者区分」欄

この申請書を提出する時点において、該当する事業者の区分に応じ、□にレ印を付してください。

事 業 者 区 分　☑ 課税事業者　　□ 免税事業者

※ 次葉「登録要件の確認」欄を記載してください。また、免税事業者に該当する場合には、次葉「免税事業者の確認」欄も記載してください（詳しくは記載要領等をご確認ください。）。

📝 記載方法

「事業者区分」欄：「課税事業者」に☑

次葉【2/2】

「免税事業者の確認」欄

該当する事業者の区分に応じ、□にレ印を付し記載してください。

免税事業者 □ 令和5年10月1日から令和11年9月30日までの日の属する課税期間中に登録を受け、所得税法等の一部を改正する法律（平成28年法律第15号）附則第44条第4項の規定の適用を受けようとする事業者　※ 登録開始日から納税義務の免除の規定の適用を受けないこととなります。

個 人 番 号

事 生 年 月 日（個　　1明治・2大正・3昭和・4平成・5令和　　法人　事 業 年 度
業 人）又は設立 　　　　　　　　　　　　　　　　のみ
者 年月日（法人）　　　　　　年　　月　　日　　記載　資 本 金

「免税事業者の確認」欄 ： 記載不要

内 事 業 内 容　　　　　　　　　　　　　　　　　登録希望日　令和　年　月　日

等

納　□ 消費税課税事業者（選択）届出書を提出し、納税義務の免除の　　　　　　　　課 税 期 間 の 初 日
前　規定の適用を受けないこととなる課税期間の初日から登録を受け
　　ようとする事業者　　　　　　　　　　　　　　　　　　　　　令和　年　月　日

関連する届出書

■「簡易課税制度選択届出書」（令和6年から簡易課税制度を選択しようとする場合）
　⇒「適用を受けようとする課税期間の初日の前日まで（**令和5年12月31日まで**）」に提出してください。詳しくは、国税庁HPをご覧ください。

登録結果

課税事業者になる日　　　　　　　　　　　　： 既に課税事業者（令和5年1月1日以降の取引について、**消費税の申告が必要**）
登録年月日（インボイス発行事業者になる日）： **令和5年10月1日**

---

case 2

令和5年(提出時)**が免税事業者で、**
令和5年10月1日に登録を受ける方（個人事業者・12月決算の法人）

初葉【1/2】

「事業者区分」欄

この申請書を提出する時点において、該当する事業者の区分に応じ、□にレ印を付してください。

事 業 者 区 分　□ 課税事業者　　☑ 免税事業者

※ 次葉「登録要件の確認」欄を記載してください。また、免税事業者に該当する場合には、次葉「免税事業者の確認」欄も記載してください（詳しくは記載要領等をご確認ください。）。

📝 記載方法

「事業者区分」欄：「免税事業者」に☑
「免税事業者の確認」欄：上段に☑
「登録希望日」欄：記載不要

次葉【2/2】　　※ 法人の方は、個人番号の代わりに事業年度・資本金を記載してください。

「免税事業者の確認」欄（個人事業者の場合）

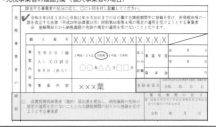

該当する事業者の区分に応じ、□にレ印を付し記載してください。

免税事業者 ☑ 令和5年10月1日から令和11年9月30日までの日の属する課税期間中に登録を受け、所得税法等の一部を改正する法律（平成28年法律第15号）附則第44条第4項の規定の適用を受けようとする事業者　※ 登録開始日から納税義務の免除の規定の適用を受けないこととなります。

個 人 番 号　X X X X X X X X X X X X

事 生 年 月 日（個　　1明治・2大正・③昭和・4平成・5令和　　法人　事 業 年 度
業 人）又は設立 　　　　　　　　　　　　　　　　のみ
者 年月日（法人）　　○○年△△月□□日　　記載　資 本 金

内 事 業 内 容　　　×××業　　　　　　　　　　　登録希望日　令和　年　月　日

等

納　□ 消費税課税事業者（選択）届出書を提出し、納税義務の免除の　　　　　　　　課 税 期 間 の 初 日
前　規定の適用を受けないこととなる課税期間の初日から登録を受け
　　ようとする事業者　　　　　　　　　　　　　　　　　　　　　令和　年　月　日

関連する届出書

■「簡易課税制度選択届出書」（令和5年から簡易課税制度を選択しようとする場合）
　⇒「登録を受ける日の属する課税期間（令和5年）から簡易課税制度の適用を受ける」旨を記載した届出書を、**その課税期間中**（**令和5年12月31日まで**）に提出すれば、その課税期間（令和5年）から簡易課税制度の適用を受けることができます。
　　様式や提出方法など、詳しくは、国税庁HPをご覧ください。

登録結果

課税事業者になる日　　　　　　　　　　　　： **令和5年10月1日**（令和5年10月1日以降の取引について、**消費税の申告が必要**）
登録年月日（インボイス発行事業者になる日）： **令和5年10月1日**

case 3

令和5年(提出時)が免税事業者で、
令和5年10月2日〜12月31日に登録を受ける方(個人事業者・12月決算の法人)

初葉【1/2】

「事業者区分」欄

| 事 業 者 区 分 | この申請書を提出する時点において、該当する事業者の区分に応じ、□にレ印を付してください。 □ 課税事業者　　☑ 免税事業者 ※ 次葉「登録要件の確認」欄を記載してください。また、免税事業者に該当する場合には、次葉「免税事業者の確認」欄も記載してください（詳しくは記載要領等をご確認ください。）。 |

📝 記載方法

「事業者区分」欄：「免税事業者」に☑
「免税事業者の確認」欄：上段に☑
「登録希望日」欄：登録を希望する日を記載
　※　課税期間の途中の日を記載することもできます。

次葉【2/2】

※ 法人の方は、個人番号の代わりに事業年度・資本金を記載ください。

「免税事業者の確認」欄（個人事業者の場合）

関連する届出書

▌「簡易課税制度選択届出書」（令和5年から簡易課税制度を選択しようとする場合）
⇒ 「登録を受ける日の属する課税期間（令和5年）から簡易課税制度の適用を受ける」旨を記載した届出書を、その課税期間中（令和5年12月31日まで）に提出すれば、その課税期間（令和5年）から簡易課税制度の適用を受けることができます。
　様式や提出方法など、詳しくは、国税庁HPをご覧ください。

登録結果

課税事業者になる日　　　　　　　　　　　　：　登録された日（登録日以降の取引について、消費税の申告が必要）
登録年月日(インボイス発行事業者になる日)：　登録された日

5

---

case 4

令和5年(提出時)が免税事業者の方(個人事業者・12月決算の法人)で、
令和6年が①課税事業者または②免税事業者で課税事業者選択届出書を提出し課税事業者になる方

初葉【1/2】

「事業者区分」欄

| 事 業 者 区 分 | この申請書を提出する時点において、該当する事業者の区分に応じ、□にレ印を付してください。 □ 課税事業者　　☑ 免税事業者 ※ 次葉「登録要件の確認」欄を記載してください。また、免税事業者に該当する場合には、次葉「免税事業者の確認」欄も記載してください（詳しくは記載要領等をご確認ください。）。 |

📝 記載方法

「事業者区分」欄：「免税事業者」に☑
「免税事業者の確認」欄：下段に☑
「課税期間の初日」欄：令和6年1月1日

次葉【2/2】

「免税事業者の確認」欄

関連する届出書

▌「課税事業者選択届出書」（令和6年に免税事業者になる方が課税事業者になることを選択する場合。令和5年12月31日までに提出してください。）
　※　登録申請書より先に提出するか、同時に提出してください。詳しくは、国税庁HPをご覧ください。

▌「簡易課税制度選択届出書」（令和6年から簡易課税制度を選択しようとする場合）
⇒ 「適用を受けようとする課税期間の初日の前日まで（令和5年12月31日まで）」に提出してください。詳しくは、国税庁HPをご覧ください。

登録結果

課税事業者になる日　　　　　　　　　　　　：　「課税期間の初日」（令和6年1月1日以降の取引について、消費税の申告が必要）
登録年月日(インボイス発行事業者になる日)：　「課税期間の初日」

6

case 5 令和5年(提出時)・令和6年が免税事業者で、
令和6年1月1日〜3月31日に登録を受ける方(個人事業者・12月決算の法人)

初葉【1/2】

「事業者区分」欄

事 業 者 区 分	この申請書を提出する時点において、該当する事業者の区分に応じ、□にレ印を付してください。 □ 課税事業者　　☑ 免税事業者 ※ 共業「登録要件の確認」欄とを記載し、また、免税事業者に該当する場合には、共業「免税事業者の確認」欄にも記載してください（詳しくは記載要領等をご確認ください）。

📝 **記載方法**

「事業者区分」欄：「免税事業者」に☑
「免税事業者の確認」欄：上段に☑
「登録希望日」欄：登録を希望する日を記載

※ 課税期間の途中の日を記載することもできます。

次葉【2/2】　※ 法人の方は、個人番号の代わりに事業年度・資本金を記載してください。

「免税事業者の確認」欄（個人事業者の場合）

関連する届出書

‖「簡易課税制度選択届出書」(令和6年から簡易課税制度を選択しようとする場合)

⇒「登録を受ける日の属する課税期間(令和6年)から簡易課税制度の適用を受ける」旨を記載した届出書を、その課税期間中(令和6年12月31日まで)に提出すれば、その課税期間(令和6年)から簡易課税制度の適用を受けることができます。

※ 原則どおり、「適用を受けようとする課税期間の初日の前日まで(令和5年12月31日まで)」に提出しても差し支えありません。
様式や提出方法など、詳しくは、国税庁HPをご覧ください。

💬 **登録結果**

課税事業者になる日 : 登録された日(登録日以降の取引について、**消費税の申告が必要**)
登録年月日(インボイス発行事業者になる日) : 登録された日

第 1 - (1) 号様式

国内事業者用

適格請求書発行事業者の登録申請書

【1／2】

収受印			
令和　年　月　日	申	（フリガナ）	
		住所又は居所 （法人の場合） 本店又は 主たる事務所 の所在地	（〒　　－　　　） ◎（法人の場合のみ公表されます） （電話番号　　　－　　　－　　　）
		（フリガナ）	
		納　税　地	（〒　　－　　　） （電話番号　　　－　　　－　　　）
	請	（フリガナ）	
		氏名又は名称	◎
		（フリガナ）	
		（法人の場合） 代表者氏名	
＿＿＿＿ 税務署長殿	者	法 人 番 号	

この申請書に記載した次の事項（◎印欄）は、適格請求書発行事業者登録簿に登載されるとともに、国税庁ホームページで公表されます。
1　申請者の氏名又は名称
2　法人（人格のない社団等を除く。）にあっては、本店又は主たる事務所の所在地
　なお、上記1及び2のほか、登録番号及び登録年月日が公表されます。
　また、常用漢字等を使用して公表しますので、申請書に記載した文字と公表される文字とが異なる場合があります。

　下記のとおり、適格請求書発行事業者としての登録を受けたいので、所得税法等の一部を改正する法律（平成28年法律第15号）第5条の規定による改正後の消費税法第57条の2第2項の規定により申請します。
　※　当該申請書は、所得税法等の一部を改正する法律（平成28年法律第15号）附則第44条第1項の規定により令和5年9月30日以前に提出するものです。

　令和5年3月31日（特定期間の判定により課税事業者となる場合は令和5年6月30日）までにこの申請書を提出した場合は、原則として令和5年10月1日に登録されます。

事　業　者　区　分	この申請書を提出する時点において、該当する事業者の区分に応じ、□にレ印を付してください。
	□　課税事業者　　　　　　□　免税事業者
	※　次葉「登録要件の確認」欄を記載してください。また、免税事業者に該当する場合には、次葉「免税事業者の確認」欄も記載してください（詳しくは記載要領等をご確認ください。）。

令和5年3月31日（特定期間の判定により課税事業者となる場合は令和5年6月30日）までにこの申請書を提出することができなかったことにつき困難な事情がある場合は、その困難な事情	

税 理 士 署 名	
	（電話番号　　　－　　　－　　　）

※税務署処理欄	整理番号		部門番号		申請年月日	年　月　日	通信日付印	年　月　日	確認
	入力処理	年　月　日	番号確認		身元確認	□ 済 □ 未済	確認書類	個人番号カード／通知カード・運転免許証 その他（　　　　　　）	
	登録番号	T							

注意　1　記載要領等に留意の上、記載してください。
　　　2　税務署処理欄は、記載しないでください。
　　　3　この申請書を提出するときは、「適格請求書発行事業者の登録申請書（次葉）」を併せて提出してください。

この申請書は、令和三年十月一日から令和五年九月三十日までの間に提出する場合に使用します。

204

第1-（1）号様式次葉

国内事業者用

適格請求書発行事業者の登録申請書（次葉）

【2／2】

氏 名 又 は 名 称	

該当する事業者の区分に応じ、□にレ印を付し記載してください。

免税事業者の確認	□ 令和5年10月1日から令和11年9月30日までの日の属する課税期間中に登録を受け、所得税法等の一部を改正する法律（平成28年法律第15号）附則第44条第4項の規定の適用を受けようとする事業者 ※ 登録開始日から納税義務の免除の規定の適用を受けないこととなります。					
	個 人 番 号					
	事業内容等	生 年 月 日 （ 個 人 ） 又 は 設 立 年 月 日 （ 法 人 ）	1明治・2大正・3昭和・4平成・5令和 年 月 日	法人のみ記載	事 業 年 度	自 月 日 至 月 日
					資 本 金	円
		事 業 内 容			登録希望日	（令和5年10月1日を希望する場合、記載不要） 令和 年 月 日
	□ 消費税課税事業者（選択）届出書を提出し、納税義務の免除の規定の適用を受けないこととなる課税期間の初日から登録を受けようとする事業者			課 税 期 間 の 初 日 ※ 令和5年10月1日から令和6年3月31日までの間のいずれかの日 令和 年 月 日		

登録要件の確認	課税事業者です。 ※ この申請書を提出する時点において、免税事業者であっても、「免税事業者の確認」欄のいずれかの事業者に該当する場合は、「はい」を選択してください。	□ はい □ いいえ
	納税管理人を定める必要のない事業者です。 （「いいえ」の場合は、次の質問にも答えてください。）	□ はい □ いいえ
	納税管理人を定めなければならない場合（国税通則法第117条第1項） 【個人事業者】 国内に住所及び居所（事務所及び事業所を除く。）を有せず、又は有しないこととなる場合 【法人】 国内に本店又は主たる事務所を有しない法人で、国内にその事務所及び事業所を有せず、又は有しないこととなる場合	
	納税管理人の届出をしています。 「はい」の場合は、消費税納税管理人届出書の提出日を記載してください。 消費税納税管理人届出書 （提出日：令和 年 月 日）	□ はい □ いいえ
	消費税法に違反して罰金以上の刑に処せられたことはありません。 （「いいえ」の場合は、次の質問にも答えてください。）	□ はい □ いいえ
	その執行を終わり、又は執行を受けることがなくなった日から2年を経過しています。	□ はい □ いいえ

参考事項	

「適格請求書発行事業者の登録申請書」(初葉)の記載例
【個人事業者用】

【公表に関する留意事項】

　適格請求書発行事業者として登録された場合は、「**氏名**」及び「**登録番号**」が公表されます。以下の事項の公表を追加で希望する場合は、「**適格請求書発行事業者の公表事項の公表(変更)申出書**」を提出する必要があります。

◇ **主たる屋号**　　◇ **主たる事務所の所在地等**　　◇ **通称**　　◇ **旧姓**

※ 「通称」及び「旧姓」は、**住民票に併記されている場合にのみ公表**することができます。

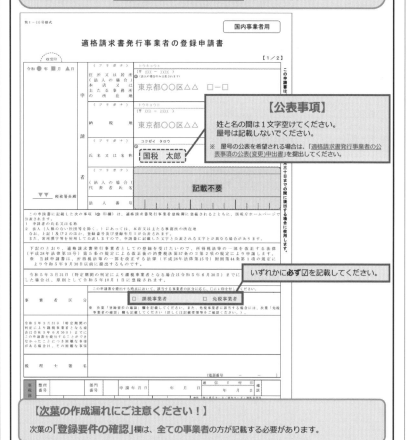

【公表事項】

姓と名の間は1文字空けてください。
屋号は記載しないでください。

※ 屋号の公表を希望される場合は、「適格請求書発行事業者の公表事項の公表(変更)申出書」を提出してください。

いずれかに必ず☑を記載してください。

【次葉の作成漏れにご注意ください！】

次葉の「**登録要件の確認**」欄は、全ての事業者の方が記載する必要があります。

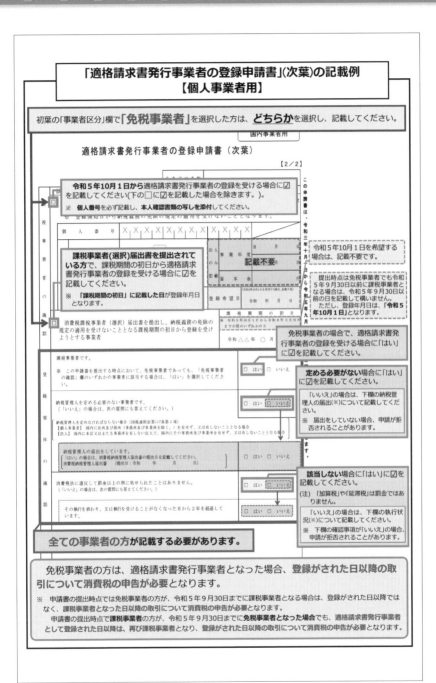

「適格請求書発行事業者の登録申請書」(次葉)の記載例 【個人事業者用】

初葉の「事業者区分」欄で「免税事業者」を選択した方は、**どちらか**を選択し、記載してください。

国内事業者用

適格請求書発行事業者の登録申請書（次葉）

【2/2】

令和5年10月1日から適格請求書発行事業者の登録を受ける場合に☑を記載してください（下の□に☑を記載した場合を除きます。）。

※ 個人番号を必ず記載し、本人確認書類の写しを添付してください。

個 人 番 号　X X X X X X X X X X X X

令和5年10月1日を希望する場合は、記載不要です。

課税事業者(選択)届出書を提出されている方で、課税期間の初日から適格請求書発行事業者の登録を受ける場合に☑を記載してください。

※ 「課税期間の初日」に記載した日が登録年月日となります。

提出時点は免税事業者でも令和5年9月30日以前に課税事業者となる場合は、令和5年9月30日以前の日を記載して構いません。ただし、登録年月日は、**「令和5年10月1日」**となります。

消費税課税事業者（選択）届出書を提出し、納税義務の免除の規定の適用を受けないこととなる課税期間の初日から登録を受けようとする事業者

令和△△年　　月

免税事業者の場合で、適格請求書発行事業者の登録を受ける場合に「はい」に☑を記載してください。

課税事業者です。

※ この申請書を提出する時点において、免税事業者であっても、「免税事業者の確認」欄のいずれかの事業者に該当する場合は、「はい」を選択してください。

□ はい　□ いいえ

定める必要がない場合に「はい」に☑を記載してください。

「いいえ」の場合は、下欄の納税管理人の届出（※）について記載してください。

※ 届出をしていない場合、申請が拒否されることがあります。

納税管理人を定める必要のない事業者です。
（「いいえ」の場合は、次の質問にも答えてください。）

□ はい　□ いいえ

納税管理人を定めなければならない場合（国税通則法第117条第1項）
【個人事業者】国内に住所及び居所（事務所及び事業所を除く。）を有せず、又は有しないこととなる場合
【法人】国内に本店又は主たる事務所を有しない法人で、国内にその事務所及び事業所を有せず、又は有しないこととなる場合

納税管理人の届出をしています。
「はい」の場合は、消費税納税管理人届出書の提出日を記載してください。
消費税納税管理人届出書　（提出日：令和　　年　　月　　日）

□ はい　□ いいえ

該当しない場合に「はい」に☑を記載してください。
(注)「加算税」や「延滞税」は罰金ではありません。

消費税法に違反して罰金以上の刑に処せられたことはありません。
（「いいえ」の場合は、次の質問にも答えてください。）

□ はい　□ いいえ

その執行を終わり、又は執行を受けることがなくなった日から2年を経過しています。

□ はい　□ いいえ

「いいえ」の場合は、下欄の執行状況（※）について記載してください。

※ 下欄の確認事項が「いいえ」の場合、申請が拒否されることがあります。

全ての事業者の方が記載する必要があります。

免税事業者の方は、適格請求書発行事業者となった場合、登録がされた日以降の取引について消費税の申告が必要となります。

※ 申請書の提出時点では免税事業者の方が、令和5年9月30日までに課税事業者となる場合は、登録がされた日以降ではなく、課税事業者となった日以降の取引について消費税の申告が必要となります。
　申請書の提出時点で課税事業者の方が、令和5年9月30日までに免税事業者となった場合でも、適格請求書発行事業者として登録された日以降は、再び課税事業者となり、登録がされた日以降の取引について消費税の申告が必要となります。

「適格請求書発行事業者の登録申請書」(初葉)の記載例
【 法 人 用 】

【公表に関する留意事項】

　適格請求書発行事業者として登録された場合は、「**名称**」、「**本店又は主たる事務所の所在地**」（人格のない社団等を除く。）及び「**登録番号**」が公表されます。

　※　人格のない社団等で「本店又は主たる事務所の所在地」の公表を希望する場合は、<u>適格請求書発行事業者の公表事項の公表（変更）申出書</u>を提出する必要があります。

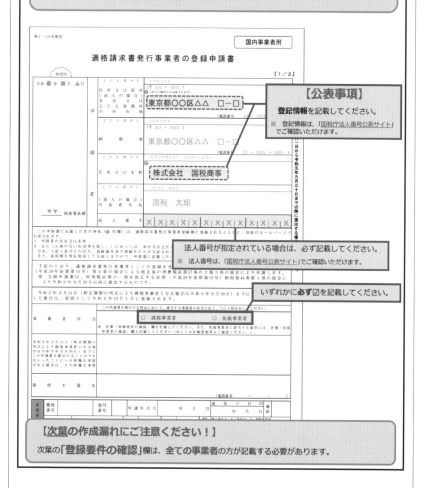

【次葉の作成漏れにご注意ください！】

次葉の「**登録要件の確認**」欄は、全ての事業者の方が記載する必要があります。

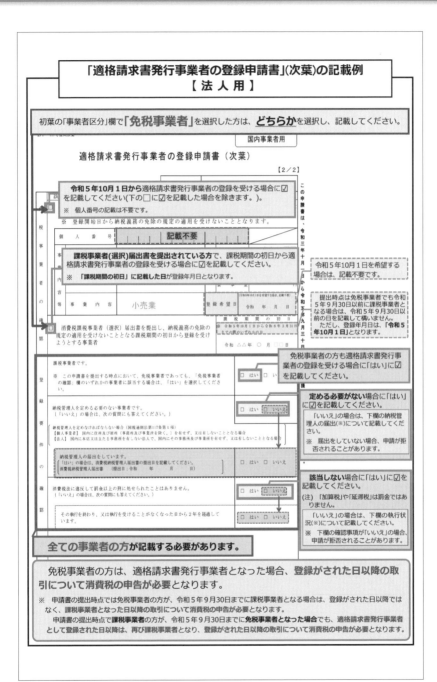

「適格請求書発行事業者の登録申請書」(次葉)の記載例 【法 人 用】

初葉の「事業者区分」欄で「免税事業者」を選択した方は、どちらかを選択し、記載してください。

国内事業者用

適格請求書発行事業者の登録申請書（次葉）

【2／2】

令和5年10月1日から適格請求書発行事業者の登録を受ける場合に☑を記載してください（下の☐に☑を記載した場合を除きます。）。

※ 個人番号の記載は不要です。

※ 登録開始日から納税義務の免除の規定の適用を受けないこととなります。

個 人 番 号	記載不要

課税事業者(選択)届出書を提出されている方で、課税期間の初日から適格請求書発行事業者の登録を受ける場合に☑を記載してください。

※ 「課税期間の初日」に記載した日が登録年月日となります。

| 事 業 内 容 等 | 事 業 内 容 | 小売業 | 登録希望日 | 令和　年　月　日 |

消費税課税事業者（選択）届出書を提出し、納税義務の免除の規定の適用を受けないこととなる課税期間の初日から登録を受けようとする事業者

課税期間の初日　令和　　年　○　月　　日

令和5年10月1日を希望する場合は、記載不要です。

提出時点は免税事業者でも令和5年9月30日以前に課税事業者となる場合は、令和5年9月30日以前の日を記載して構いません。

ただし、登録年月日は、**「令和5年10月1日」**となります。

課税事業者です。

※ この申請書を提出する時点において、免税事業者であっても、「免税事業者の確認」欄のいずれかの事業者に該当する場合は、「はい」を選択してください。

☐ はい　☐ いいえ

免税事業者の方も適格請求書発行事業者の登録を受ける場合に「はい」に☑を記載してください。

納税管理人を定める必要のない事業者です。
（「いいえ」の場合は、次の質問に答えてください。）

☐ はい　☑ いいえ

定める必要がない場合に「はい」に☑を記載してください。

「いいえ」の場合は、下欄の納税管理人の届出（※）について記載してください。

※ 届出をしていない場合、申請が拒否されることがあります。

納税管理人を定めなければならない場合（国税通則法第117条第1項）
【個人事業者】 国内に住所及び居所（事務所及び事業所を除く。）を有せず、又は有しないこととなる場合
【法人】 国内に本店又は主たる事務所を有しない法人で、国内にその事務所及び事業所を有せず、又は有しないこととなる場合

納税管理人の届出をしています。
「はい」の場合は、消費税納税管理人届出書の提出日を記載してください。
消費税納税管理人届出書　（提出日：令和　　年　　月　　日）

☐ はい　☐ いいえ

消費税法に違反して罰金以上の刑に処せられたことはありません。
（「いいえ」の場合は、次の質問にも答えてください。）

☐ はい　☑ いいえ

該当しない場合に「はい」に☑を記載してください。

（注）「加算税」や「延滞税」は罰金ではありません。

「いいえ」の場合は、下欄の執行状況（※）について記載してください。

その執行を終わり、又は執行を受けることがなくなった日から2年を経過しています。

☐ はい　☐ いいえ

※ 下欄の確認事項が「いいえ」の場合、申請が拒否されることがあります。

全ての事業者の方が記載する必要があります。

免税事業者の方は、適格請求書発行事業者となった場合、登録がされた日以降の取引について消費税の申告が必要となります。

※ 申請書の提出時点では免税事業者の方が、令和5年9月30日までに課税事業者となる場合は、登録がされた日以降ではなく、**課税事業者となった日以降**の取引について消費税の申告が必要となります。

　申請書の提出時点で**課税事業者**の方が、令和5年9月30日までに**免税事業者となった場合**でも、適格請求書発行事業者として登録された日以降は、再び課税事業者となり、登録がされた日以降の取引について消費税の申告が必要となります。

適格請求書発行事業者の公表事項の公表（変更）申出書

収受印	（フリガナ）		
令和　年　月　日	申	納　税　地	（〒　　－　　） （電話番号　　　－　　　－　　　）
		（フリガナ）	
出	氏 名 又 は 名 称 及 び 代 表 者 氏 名		
	法 人 番 号	※　個人の方は個人番号の記載は不要です。	
_____ 税務署長殿	者	登 録 番 号 T	

国税庁ホームページの公表事項について、下記の事項を追加（変更）し、公表することを希望します。

新たに公表する事項	新たに公表を希望する事項の□にレ印を付し記載してください。		
	個人事業者	□ 主 た る 屋 号	（フリガナ）
		複数ある場合 任 意 の 一 つ	
		□ 主 た る 事 務 所 の 所 在 地 等	（フリガナ）
		複数ある場合 任 意 の 一 箇 所	
		□ 通 称 □ 旧 姓（旧 氏）氏 名 住民票に併記されている 通称又は旧姓（旧氏）に限る	いずれかの□にレ印を付し、通称又は旧姓（旧氏）を使用した氏名を記載してください。
			□ 氏名に代えて公表 （フリガナ）
			□ 氏名と併記して公表
	人格のない社団等	□ 本 店 又 は 主 た る 事 務 所 の 所 在 地	（フリガナ）

変更の内容	既に公表されている上記の事項について、公表内容の変更を希望する場合に記載してください。	
	変 更 年 月 日	令和　　　年　　　月　　　日
	変 更 事 項	（個人事業者）　□ 屋号　□ 事務所の所在地等　□ 通称又は旧姓(旧氏)氏名 （人格のない社団等）　□ 本店又は主たる事務所の所在地
	変 更 前	（フリガナ）
	変 更 後	（フリガナ）

※　常用漢字等を使用して公表しますので、申出書に記載した文字と公表される文字とが異なる場合があります。

参 考 事 項	
税 理 士 署 名	（電話番号　　　－　　　－　　　）

※税務署処理欄	整 理 番 号		部 門 番 号		
	申 出 年 月 日	年　　月　　日	入 力 処 理	年　　月　　日	番 号 確 認

注意　1　記載要領等に留意の上、記載してください。
　　　2　税務署処理欄は、記載しないでください。

インボイス制度

個人事業者が屋号で登録を受ける場合の公表（変更）申出書

国税庁ホームページの公表事項について、以下の事項を**追加（変更）**して公表することを希望する場合に提出してください。
【個人事業者】 ◇主たる屋号 ◇主たる事務所の所在地等 ◇通称 ◇旧姓氏名
【人格のない社団等】 ◇本店又は主たる事務所の所在地

記載例

適格請求書発行事業者の公表事項の公表（変更）申出書

新たに公表を希望する事項にレ印を記載してください。

令和 3 年 10 月 1 日	申出者	（フリガナ）	トウキョウト
		納税地	（〒 XXX - XXXX ）東京都〇〇区△△ □-□ （電話番号 03 - XXXX - XXXX ）
		（フリガナ）	コクゼイ ハナコ
○○ 税務署長殿		氏名又は名称及び代表者氏名	国税 花子
		法人番号	
		登録番号 T	

国税庁ホームページの公表事項について、下記の事項を追加（変更）し、公表することを希望します。

新たに公表を希望する事項の□にレ印を付し記載してください。

【屋号・事務所の所在地等】

① 公表を希望する屋号を記載してください。

② 公表を希望する事務所の所在地等を記載してください。

【留意事項】
1 複数ある場合は任意の一つ又は一箇所を選択して記載してください。
2 国税庁ホームページには記載されたとおりに表示されます。

新たに公表する事項	個人事業者	☑ 主たる屋号 □ 複数ある場合任意の一つ	（フリガナ） コクゼイショウテン ① 国税商店
		☑ 主たる事務所の所在地等 □ 複数ある場合任意の一箇所	（フリガナ） トウキョウトチヨダクカスミガセキ ② 東京都千代田区霞が関3丁目1-1
		□ 通称 □ 旧姓（旧氏）氏名 住民票に記載されている通称又は旧姓（旧氏）に限る	いずれかの□にレ印を付し、通称又は旧姓（旧氏）を使用した名前を記載してください。 ③ □ 氏名に代えて公表 □ 氏名と併記して公表 （フリガナ） ゼイム リョウコ / ザイム ハナコ （通称） （旧姓氏名） ④ 税務 良子 / 財務 花子
	人格のない社団等	□ 本店又は主たる事務所の所在地	（フリガナ）

【通称・旧姓氏名】

③ 通称又は旧姓氏名を
・氏名に代えて公表するか
・氏名と併記して公表するか
希望する方にレ印を記載してください。

④ 住民票に記載されている通称又は旧氏を使用した氏名（旧姓及び名前）を記載してください。

既に公表されている上記の事項について、公表内容の変更を希望する場合に記載してください。

【国税庁ホームページの表示例】

●氏名に代えて公表を希望	●氏名と併記して公表を希望
通称：税務 良子	通称：国税 花子（税務 良子）
旧姓氏名：財務 花子	旧姓氏名：国税 花子（財務 花子）

変更の内容	変更		
	変更		
	変		
	変更後	（フリガナ）	

※ 常用漢字等を使用して公表しますので、申出書に記載した文字と公表される文字とが異なる場合があります。

参 考 事 項	
税 理 士 署 名	（電話番号 - - ）

税務署処理欄	整理番号		部門番号		
	申出年月日	年 月 日	入力処理	年 月 日	番号 確認

注意 1 記載要領等に留意の上、記載してください。
2 税務署処理欄は、記載しないでください。

【留意事項】
1 通称又は旧姓氏名については、**住民票に併記されている場合に限り**、国税庁ホームページの公表事項に追加（変更）して**公表することができます。**
2 通称又は旧姓氏名の公表を希望する場合は、通称又は旧姓を氏名と併記していることが確認できる**住民票の写しの添付が必要です。**
※ e-Taxによって提出する場合は添付を省略することができます。

特集 インボイス制度

令和5年10月1日から、消費税の仕入税額控除の方式としてインボイス制度が開始されます。適格請求書（インボイス）を発行できるのは、「適格請求書発行事業者」に限られ、この「適格請求書発行事業者」になるためには、登録申請書を提出し、登録を受ける必要があります。

新着情報

登録申請書の令和5年4月1日以後の提出について

登録申請書等に係る通知までの期間の目安については、こちらでご案内しております。

2月28日

- 「インボイス制度に関する相談窓口一覧表」を掲載しました。
  インボイス制度に関する、補助金、取引上のお悩み、経営など、各種ご相談先をまとめておりますので、ぜひご活用ください!
- 「お問合せの多いご質問」を更新しました。

1月20日

インボイス制度の説明会
説明会のご案内は
こちらから

YouTube
国税庁動画
チャンネル

インボイス制度に関するお問合せ先

税務相談チャットボット
「チャットボット」ただいま公開中!
インボイス制度の疑問にふたばがお答えします!

> チャットを開始する

インボイスコールセンター
インボイス制度に関する一般的なご質問をお受けします

0120-205-553
9:00〜17:00（土日祝除く）

この他、制度に関する補助金、取引上のお悩み、
経営など各種の相談窓口をご用意しています

**インボイス制度に関わる
各省庁等の相談窓口一覧**

制度の概要

Q&A

取扱通達

申請手続

国税庁トップページ　ご意見・ご要望　関連リンク　ウェブアクセシビリティ　利用規約・免責事項・著作権　プライバシーポリシー　　国税庁

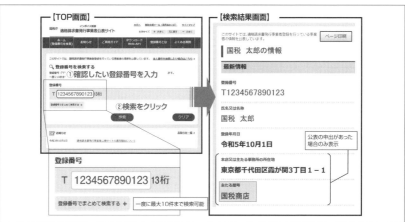

第4-(13)号様式

付表6　税率別消費税額計算表
〔小規模事業者に係る税額控除に関する経過措置を適用する課税期間用〕

| 特 別 |

| 課 税 期 間 | ・　・　～　・　・ | 氏 名 又 は 名 称 | |

I　課税標準額に対する消費税額及び控除対象仕入税額の計算の基礎となる消費税額

区　　分		税 率 6.24 % 適 用 分 A	税 率 7.8 % 適 用 分 B	合　　計　　C (A＋B)
課 税 資 産 の 譲 渡 等 の 対 価 の 額	①	※第二表の⑤欄へ 円	※第二表の⑥欄へ 円	※第二表の⑦欄へ 円
課 税 標 準 額	②	①A欄（千円未満切捨て） 000	①B欄（千円未満切捨て） 000	※第二表の①欄へ 000
課 税 標 準 額 に 対 す る 消 費 税 額	③	（②A欄×6.24/100） ※第二表の⑮欄へ	（②B欄×7.8/100） ※第二表の⑯欄へ	※第二表の⑪欄へ
貸 倒 回 収 に 係 る 消 費 税 額	④			※第一表の③欄へ
売 上 対 価 の 返 還 等 に 係 る 消 費 税 額	⑤			※第二表の⑰、⑱欄へ
控 除 対 象 仕 入 税 額 の 計 算 の 基 礎 と な る 消 費 税 額 （ ③ ＋ ④ － ⑤ ）	⑥			

II　控除対象仕入税額とみなされる特別控除税額

項　　目		税 率 6.24 % 適 用 分 A	税 率 7.8 % 適 用 分 B	合　　計　　C (A＋B)
特 別 控 除 税 額 （ ⑥ × 80 % ）	⑦			※第一表の④欄へ

III　貸倒れに係る税額

項　　目		税 率 6.24 % 適 用 分 A	税 率 7.8 % 適 用 分 B	合　　計　　C (A＋B)
貸 倒 れ に 係 る 税 額	⑧			※第一表の⑥欄へ

注意　金額の計算においては、1円未満の端数を切り捨てる。

(R5.10.1以後終了課税期間用)

III

免税事業者と
インボイス編

1 免税事業者とインボイス制度

　免税事業者はインボイスの発行ができないため、取引先からの要請により、インボイスの登録申請をして適格請求書発行事業者となることが予想されます。この場合、適格請求書発行事業者になると消費税の申告義務が生ずるため、納付消費税額をコストとして負担しなければならないこととなります。

　そこで、免税事業者のような適格請求書発行事業者でない者（非登録事業者）からの課税仕入れについては、令和5年10月1日から令和8年9月30日までは課税仕入高の80％を仕入控除税額の計算に取り込むことが認められています（平成28年改正法附則52）。

　また、令和8年10月1日から令和11年9月30日までは、課税仕入高の50％を仕入控除税額の計算に取り込むことが認められています（平成28年改正法附則53）。

　免税事業者は、この経過措置も考慮に入れながら、登録の必要性と資金繰りを天秤にかけ、取引先との価格交渉に当たらなければなりません。つまり、登録の是非を慎重に判断する必要があるということです。

　こういった実情に配慮したものと思われます。財務省は、公正取引委員会・経済産業省・中小企業庁・国土交通省との連名で、「免税事業者及びその取引先のインボイス制度への対応に関するQ＆A」を令和4年1月19日に公表（令和4年3月8日に改正）しました。免税事業者は今後どのように取引先と価格交渉をしていけばいいのか…。Q＆Aと国土交通省の公表資料を参考に検討していきます。

2 下請法・独占禁止法・建設業法に違反する行為とは？

　まずは、「免税事業者及びその取引先のインボイス制度への対応に関するＱ＆Ａ」に掲載されている【事例１】〜【事例３】（インボイス制度後の免税事業者との取引に係る下請法等の考え方）・「インボイス制度後の免税事業者との建設工事の請負契約に係る建設業法上の考え方の一事例」のイラストを検討してみたいと思います。

◈インボイス制度後の免税事業者との取引に係る下請法等の考え方

【事例１】
○　「報酬総額11万円」で契約を行った。
○　取引完了後、**インボイス発行事業者でなかったことが、請求段階で判明し**
たため、下請事業者が提出してきた請求書に記載された金額にかかわらず、
消費税相当額の１万円の一部又は全部を支払わないことにした。

② 取引完了後・・・

総額11万円

（インボイス番号なし）

免税事業者

③ よく見ると・・・

この請求書は、**インボイス番号が
ない**からAさんは**免税事業者**
ということか・・・！

インボイス番号なし

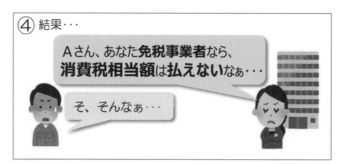

④ 結果・・・

Aさん、あなた**免税事業者**なら、
消費税相当額は払えないなぁ・・・

そ、そんなぁ・・・

➤それ、**下請法違反**です！

発注者（買手）が下請事業者に対して、**免税事業者であることを理由
にして、消費税相当額の一部又は全部を支払わない行為**は、下請法第
4条第1項第3号で禁止されている
「下請代金の減額」として問題になります。

解説

【事例1】によると、下請事業者が適格請求書発行事業者かどうかを確認しないままに契約を結び、後から消費税相当額を値引くような行為は下請法違反（下請代金の減額）となるようです。

　免税事業者である下請事業者が、インボイスの登録をしないままに消費税相当額を請求することは、商取引として問題があることも事実です。ただ、インボイス制度を採用してこなかった日本では、免税事業者が消費税相当額を取引価格に転嫁するという悪しき慣行が半ば常態化していますので、インボイス導入後においても消費税相当額を請求してくる免税事業者は少なからずいるものと思われます。

　このような書類は「インボイス類似書類」に該当するのではないか…という素朴な疑問はあるものの、親事業者は、契約する前に下請事業者がインボイスの登録をしているのかどうかをまずは確認する必要がありそうです。その上で、登録をしていない事業者に対しては、価格交渉とともに登録の要請をすることも検討すべきです。

　下請事業者が登録しないということであれば、80％（50％）控除の経過措置により控除できることとなる金額も考慮した上で取引先と価格交渉をすることになるものと思われます。また、価格交渉の結果、下請事業者が登録を拒否したままで、今までのように消費税相当額を要求してくるような場合には、私見ではありますが、取引の終了を通告することもやむなしと考えます。

　いずれにせよ、親事業者は事前に下請事業者に対してインボイスの登録の有無を確認しておく必要があります。また、下請事業者に登録を要請する場合の税負担額や手取額の変化などについて、親事業者は丁寧に下請事業者に説明した上で価格交渉をする必要がありそうです。

○下請事業者が登録しない場合の手取額の増減は下表のようになります。

| 取引価格 | 手取額の増減 | |
	下請事業者	親事業者
110,000円	―	① $110,000円 \times \dfrac{10}{110} \times 80\% = 8,000円 \cdots$ 実際の控除額 ② $110,000円 \times \dfrac{10}{110} = 10,000円 \cdots$ 本来の控除額 ③ ① － ② ＝ △2,000円
109,000円	△1,000円	① $109,000円 \times \dfrac{10}{110} \times 80\% = 7,927円 \cdots$ 実際の控除額 ② $109,000円 \times \dfrac{10}{110} = 9,909円 \cdots$ 本来の控除額 ③ ① － ② ＋（110,000円 － 109,000円）＝ △982円
108,000円	△2,000円	① $108,000円 \times \dfrac{10}{110} \times 80\% = 7,854円 \cdots$ 実際の控除額 ② $108,000円 \times \dfrac{10}{110} = 9,818円 \cdots$ 本来の控除額 ③ ① － ② ＋（110,000円 － 108,000円）＝ 36円

○下請事業者（簡易課税適用事業者）が登録した場合の納付税額（手取額の減少額）は下表のようになります。

事業区分	納付税額（手取額の減少額）
第1種事業	$110,000円 \times \dfrac{10}{110} \times (1 - 90\%) = 1,000円$
第2種事業	$110,000円 \times \dfrac{10}{110} \times (1 - 80\%) = 2,000円$
第3種事業	$110,000円 \times \dfrac{10}{110} \times (1 - 70\%) = 3,000円$
第4種事業	$110,000円 \times \dfrac{10}{110} \times (1 - 60\%) = 4,000円$
第5種事業	$110,000円 \times \dfrac{10}{110} \times (1 - 50\%) = 5,000円$
第6種事業	$110,000円 \times \dfrac{10}{110} \times (1 - 40\%) = 6,000円$

　実務上は、売上高が1,000万円前後の下請事業者は、材料の無償支給を受ける建設業の下請（第4種事業）やエンジニアなどの第5種事業に該当する事業者が大半だと思われます。下請事業者にしてみれば、登録することにより確実に納税額だけ手取額が減少することになりますので、取引価格を下げられても免税事業者でいようとするケースは少なくないように思われます。

○「２割特例」の効果

取引価格（税込）が110,000円の場合、２割特例の適用を受けることによる下請事業者の納付税額は2,000円となります。

$$110,000円 \times \frac{10}{110} \times (1 - 80\%) = 2,000円$$

つまり、２割特例を適用する場合の納税額は、簡易課税により売上高のすべてを第２種事業として計算した場合と同額になるということです。

220ページで試算したように、下請事業者が登録しない場合には、親事業者は取引価格（外注費）を2,000円程度減額しないと採算があいません。よって、下請事業者との値段交渉では、外税で支払っている消費税相当額の２割程度の減額は避けられないように思います。

そうすると、下請事業者は免税事業者のままでいながら親会社と価格交渉をするよりも、（潔く）登録申請をして２割特例の適用を受けることを検討するべきではないでしょうか。

消費税は、最終消費者の負担する税金を流通過程にいる事業者が分担して納税するシステムになっています。したがって、理論上は各流通過程にいる事業者が支払った消費税を合計すれば最終消費者の税負担額に一致することになるのです。

免税事業者は納税をしていないわけですから、免税事業者との取引が仕入税額控除の対象とならないのは当たり前のことなのです。

厳しい言い方ではありますが、「消費税相当額」を受領しているのなら、納税して当然ではないでしょうか？

納税をしない免税事業者が消費税相当額を外税で受領しているという商慣習そのものが異常なのだと思います。事業者間の取引であるならば、登録してインボイスを発行するのが正しい消費税のシステムなのだ

と思います。

　免税事業者との取引が仕入税額控除の対象になっているという現行法が、そもそも異常な制度なのだということを自覚する必要があるように思います。80％（50％）の控除ができるという経過措置の存在がそもそも異常な制度なのだと認識する必要があるように思うのです（私見）。

　簡易課税制度と2割特例を比較した場合、第1種事業に該当しない限りは2割特例のほうが有利になります。よって、設備投資などの計画がない場合には、基準期間における課税売上高が1,000万円を超えた場合や適用対象期間が経過して「2割特例」が使えなくなったときに備え、あらかじめ「簡易課税制度選択届出書」を提出しておくことも検討する必要がありそうです。

【事例2】
○　継続的に取引関係のある下請事業者と、免税事業者であることを前提に「単価10万円」で発注を行った。
○　その後、今後の取引があることを踏まえ、下請事業者に**課税転換を求めた**。結果、下請事業者が課税事業者となったにもかかわらず、その後の**価格交渉に応じず、一方的に単価を据え置く**こととした。

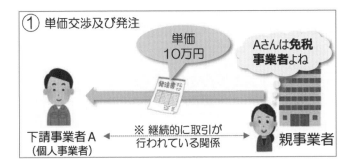

① 単価交渉及び発注
単価10万円
Aさんは**免税事業者**よね
下請事業者A（個人事業者）
※ 継続的に取引が行われている関係
親事業者

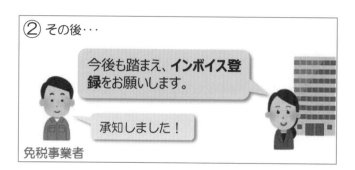

② その後・・・

今後も踏まえ、**インボイス登録**をお願いします。

承知しました！

免税事業者

③ 課税事業者選択・・・

税務署

インボイス事業者になったから、**次回は価格交渉**しないと・・・

T1234...

課税事業者選択
登録申請手続

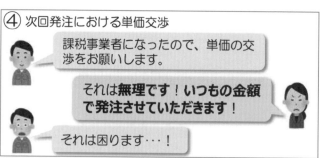

④ 次回発注における単価交渉

課税事業者になったので、単価の交渉をお願いします。

それは**無理です！いつもの金額で発注させていただきます！**

それは困ります・・・！

➢それ、**下請法違反**となるおそれがあります！

下請事業者が**課税事業者になった**にもかかわらず、免税事業者であることを前提に行われた単価からの**交渉に応じず、一方的に従来どおりに単価を据え置いて発注する行為**は、下請法第4条第1項第5号で禁止されている「**買いたたき**」として問題になるおそれがあります。

【事例2】によると、インボイスの登録を要請したにもかかわらず消費税相当額を支払わない行為は、下請法で禁止している「買いたたき」に該当するおそれがあるとしています。

【事例1】は「下請法違反です！」と言い切っているのに対し、【事例2】は「下請法違反となるおそれがあります！」とお茶を濁したような言い回しになっているのはなぜでしょうか…。おそらくは、継続的に取引関係のある下請事業者と、どのようなプロセスにより価格決定をしたかにより、判断が異なってくることが理由であると思われます。

例えば、下請事業者と価格決定をする際に、あらかじめ消費税込みで10万円と決めることがあります。「当社では、課税事業者であるか免税事業者であるかに関係なく、一律に単価は10万円です」と取り決めている場合には、親会社にしてみればこの10万円を税込み金額として認識していることになります。

よって、あらかじめ交わした契約書によりその旨が明記されているような場合には、たとえ下請事業者がインボイスの登録をしたとしても、あえて単価の改定はする必要がないという理屈が成立するように思えるのです。また、民法上は口約束も有効となりますので、親会社が一方的に「税込単価ということで取り決めていましたよね」と言ってくるようなことも想定されます。

ただ、下請事業者にしてみれば、インボイスの登録により確実に手取額は減少するわけですから、登録を条件に消費税相当額を上乗せした11万円に単価が改訂されることを期待するのもある意味当然のことなのかもしれません。

要は価格交渉（値決め）の問題なのですが、トラブルを防ぐためにも、

親会社は下請事業者に登録を要請する際に、登録後の単価についてはっきりと取り決めをしておく必要がありそうです。

　下請事業者も、「登録すれば消費税分は当然に貰えるだろう…」と勝手に思い込むのではなく、親会社としっかりと交渉（確認）をした上で、登録の準備をする必要があるように思います。

【事例3】
○　課税事業者が、取引先である免税事業者に対して、**課税転換を求めた。**
○　その際、「インボイス事業者にならなければ、**消費税分はお支払いできません**。承諾いただけなければ**今後のお取引は考えさせていただきます。**」という文言を用いて要請を行った。また、**要請に当たっての価格交渉にも応じなかった。**

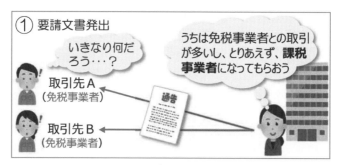

③ 価格交渉（免税事業者のままのAさんの場合）

免税事業者のままでも、価格を据え置いてもらえませんか…？

免税のままなら10%価格を引き下げます！ それがいやなら今後の取引は考えさせていただきます。

わかりました…

③' 価格交渉（課税転換するBさんの場合）

（取引を切られるのは困る…！）課税事業者になります！

ありがとうございます。では、**今まで通りの金額**でお願いします。

課税転換するのに、価格交渉もさせてくれないんですね…

➤ それ、**独占禁止法上問題**となるおそれがあります！

課税事業者になるよう要請すること自体は独占禁止法上問題になりませんが、それにとどまらず、**課税事業者にならなければ取引価格を引き下げる**、それにも**応じなければ取引を打ち切る**などと**一方的に通告する**ことは、独占禁止法上問題となるおそれがあります。また、**課税事業者となるに際し**、価格交渉の場において**明示的な協議なしに価格を据え置く場合**も同様です。

解説

　【事例3】は、取引先に対するインボイスの登録要請と価格交渉に関する事例です。取引先に対し、インボイスの登録を要請することは問題な

いものの、登録を強要することや価格交渉を拒否するような行為、価格交渉に応じない場合の取引の打ち切りの通告などは独占禁止法上問題となるおそれがあります。

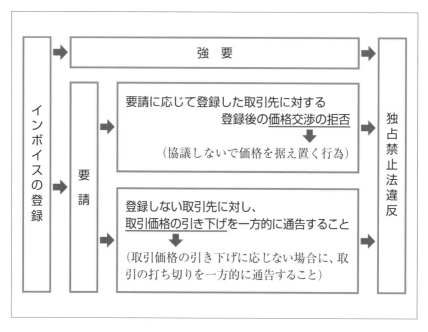

　取引先に登録を要請したものの、登録を承諾して貰えないようなケースも実際にはでてくるものと思われます。このような場合において、価格交渉をした結果として取引が打ち切りになることもあるわけですから、このようなケースについてまでも、独占禁止法上問題となる行為に該当するわけではありません。

　【事例3】が「独占禁止法上問題となります！」と言い切らずに「独占禁止法上問題となるおそれがあります！」という玉虫色の言い回しになっているのは、こういった理由によるものと思われます。

◈インボイス制度後の免税事業者との建設工事の請負契約に係る
　建設業法上の考え方の一事例

○　「請負金額総額110万円」で建設工事の請負契約を行った。
○　工事完了後、**インボイス発行事業者でなかったことが、請求段階で判明した**ため、下請負人が提出してきた請求書に記載された金額にかかわらず、**一方的に消費税相当額の一部又は全部を支払わない**ことにした。

① 契約

請負金額総額
１１０万円

契約書

下請負人A　　　　　　　　　　　　　元請負人

② 工事完了後…

総額110万円

請求書

（インボイス番号なし）

免税事業者

③ よく見ると…

この請求書は、**インボイス番号が
ないからAさんは免税事業者**
ということか・・・！

インボイス番号なし

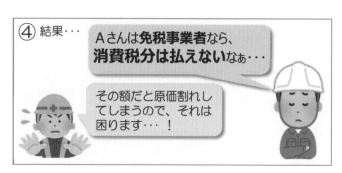

④ 結果・・・

Aさんは**免税事業者なら、**
消費税分は払えないなぁ・・・

その額だと原価割れし
てしまうので、それは
困ります・・・！

➤それ、**建設業法違反**です！

元請負人（下請契約の注文者）が、**自己の取引上の地位を不当に利用
して、免税事業者である**下請負人に対して、**一方的に消費税相当額の
一部又は全部を支払わない（減額する）行為**により、**請負金額がその
工事を施工するために通常必要と認められる原価に満たない金額とな
る場合**には、建設業法第19条の３の**「不当に低い請負代金の禁止」**の
規定に違反する行為として問題となります。

解説

　建設業法では、元請負人が自己の取引上の地位を不当に利用して、請
負金額が工事原価に満たないような金額で下請負人と請負契約を締結す
ることを禁止しています（建設業法19の３）。

　この取扱いを受け、本事例は、「請負金額が原価割れとなることから、『不
当に低い請負代金の禁止』の規定により建設業法違反になる」と解説され
ています。ただ、現実問題として元請負人は下請負人の原価などわからない
のであり、原価割れになるかどうかの立証は困難ではないかと思われます。

　【事例１】では、下請事業者が適格請求書発行事業者かどうかを確認し
ないままに契約を結び、後から消費税相当額を値引くような行為は下請

法違反（下請代金の減額）になると解説されています。よって、本事例については中途半端に建設業法を引用するのではなく、下請法違反という視点から整理したほうがわかりやすいのではないかと感じています。

　元請負人は、契約する前に下請負人がインボイスの登録をしているのかどうかをまずは確認する必要があります。その上で、登録をしていない事業者に対しては、価格交渉とともに登録の要請をすることも検討すべきです。

　下請負人が登録しないということであれば、80％（50％）控除の経過措置により控除できることとなる金額も考慮した上で取引先と価格交渉をすることになるものと思われます。また、価格交渉の結果、下請負人が登録を拒否したままで、今までのように消費税相当額を要求してくるような場合には、取引の終了を通告することもやむなしと考えます。

◈建設業法令遵守ガイドラインの概要【インボイス関連抜粋】

策定の趣旨
元請負人と下請負人との関係に関して、<u>どのような行為が建設業法に違反するかを具体的に示す</u>ことにより、<u>法律の不知による法令違反行為を防ぎ、元請負人と下請負人との対等な関係の構築及び公正かつ透明な取引の実現を図る</u>ことを目的として策定（H19.6策定、R3.7最終改訂） 〈建設業法令遵守ガイドライン国土交通省HP： 　https://www.mlit.go.jp/totikensangyo/const/1_6_bt_000188.html〉

■：建設業法に違反する行為事例、▲：建設業法に違反するおそれのある行為事例、●：建設業法上望ましくない行為事例（インボイス制度実施後の免税事業者との取引の観点から特に留意する必要のある行為事例の抜粋）

①見積条件の提示等（法第20条第３項、第20条の２）
▲不明確な工事内容の提示等、曖昧な見積条件により下請負人に見積りを行わせた場合

②当初契約・変更契約（法第19条第１項等）
■着工前に書面による契約を行わなかった場合
■追加工事又は変更工事が発生したが、書面による変更契約を行わなかった場合

③不当に低い請負代金（法第19条の３）
▲元請負人が、自らの予算額のみを基準として、下請負人との協議を行うことなく、下請負人による見積額を大幅に下回る額で下請契約を締結した場合

④指値発注（法第19条の３等）
▲元請負人が、下請負人から提出された見積書に記載されている法定福利費等の内容を検討することなく、一方的に差し引きするなど、一定の割合を差し引いて下請契約を締結した場合

⑤不当な使用資材等の購入強制（法第19条の４）
▲下請契約の締結後に、元請負人が下請負人に対して、下請工事に使用する資材等を指定した結果、予定していた購入価格より高い価格で購入することとなった場合

⑥赤伝処理（法第19条の３等）
▲元請負人が、下請負人と合意することなく、下請工事の施工に伴い副次的に発生した建設廃棄物の処理費用を下請負人に負担させ、下請代金から差し引く場合

⑦不利益取扱いの禁止（法第24条の５）
▲下請負人が、元請負人からの支払に際し、正当な理由なく長期支払保留を受けたことを監督行政庁に通報したため、取引を停止した場合

◈インボイス制度への対応に関するＱ＆Ａについて（概要）

　インボイス制度に関し、免税事業者やその取引先の対応について考え方を明らかにし、制度への理解を深め、必要な対応をご検討いただく際にご活用いただくことを目的として作成したものです。

インボイス制度で何が変わるのか

Q1 インボイス制度が実施されて、何が変わりますか？

課税事業者がインボイス発行事業者の登録を受けることで、インボイスを発行できるようになります。インボイスには消費税額等が記載されるため、その転嫁がしやすくなる面もあると考えられます。事業者は請求書等の記載事項やシステムの改修等への対応が必要となる場合があるところ、改正電子帳簿保存法の活用を図るほか、デジタル化の推進のための専門家派遣やITの導入支援などを行います。

免税事業者への影響

Q2 免税事業者であり続けた場合、必ず取引に影響が生じるのですか？

売上先が、以下のどちらかに該当する場合は、取引への影響は生じないと考えられます。
①売上先が消費者又は免税事業者である場合
②売上先の事業者が簡易課税制度を適用している場合
そのほか、消費税が非課税とされるサービス等を提供している事業者に対して、そのサービス等のために必要な物品を販売している場合なども、取引への影響は生じないと考えられます。

Q3 売上先がＱ２のいずれにも当てはまらない場合、免税事業者の取引にはどのような影響が生じますか？

免税事業者の取引への影響に配慮して経過措置が設けられており、インボイス

制度の実施後6年間は、仕入税額控除が可能とされています。なお、売上先の意向で取引条件が見直される場合、その方法や内容によっては、売上先は独占禁止法・下請法・建設業法により問題となる可能性があります（**Q7**参照）。

Q4 免税事業者が課税事業者を選択した場合、何が必要になりますか？

課税事業者を選択した場合、消費税の申告・納税等が必要になりますが、課税売上高が5,000万円以下の事業者は簡易課税制度を適用でき、その場合は仕入れの際にインボイスを受け取り、保存する必要はありません。

課税事業者の留意点

Q5 課税事業者は、免税事業者からの仕入れについて、どのようなことに留意すればいいですか？

簡易課税制度を適用している場合は、インボイスを保存しなくても仕入税額控除ができるため、仕入先との関係では留意する必要はありません。簡易課税制度を適用していない場合も、取引への影響に配慮して経過措置が設けられており、免税事業者からの仕入れについても、制度実施後3年間は消費税相当額の8割、その後の3年間は5割を仕入税額控除が可能とされています。

また、消費税の性質上、免税事業者も自らの仕入れに係る消費税を負担しており、その分は免税事業者の取引価格に織り込まれる必要があることにも、ご留意ください。

Q6 課税事業者が、新たな相手から仕入れを行う場合、どのようなことに留意すればいいですか？

簡易課税制度を適用している場合は、インボイスを保存しなくても仕入税額控除ができるため、仕入先との関係では留意する必要はありません。

また、簡易課税制度を適用していない場合は、取引条件を設定するに当たり、相手がインボイス発行事業者かを確認する必要があると考えられます。

免税事業者から仕入れを行う場合は、設定する取引価格が免税事業者を前提としたものであることを、互いに理解しておく必要もあると考えられます。

独占禁止法等において問題となる行為

Q7 仕入先である免税事業者との取引について、インボイス制度の実施を契機として取引条件を見直すことを検討していますが、独占禁止法などの上ではどのような行為が問題となりますか？

1　取引対価の引下げ

　取引上優越した地位にある事業者（買手）が、免税事業者との取引において、仕入税額控除できないことを理由に取引価格の引下げを要請し、再交渉において、双方納得の上で取引価格を設定すれば、結果的に取引価格が引き下げられたとしても、独占禁止法上問題となるものではありません。しかし、再交渉が形式的なものにすぎず、仕入側の事業者（買手）の都合のみで著しく低い価格を設定し、免税事業者が負担していた消費税額も払えないような価格を設定した場合には、優越的地位の濫用として、独占禁止法上問題となります。

2　商品・役務の成果物の受領拒否等

　取引上の地位が相手方に優越している事業者（買手）が、仕入先から商品を購入する契約をした後において、仕入先がインボイス発行事業者でないことを理由に商品の受領を拒否することは、優越的地位の濫用として問題となります。

3　協賛金等の負担の要請等

　取引上優越した地位にある事業者（買手）が、インボイス制度の実施を契機として、免税事業者である仕入先に対し、取引価格の据置きを受け入れる代わりに、取引の相手方に別途、協賛金、販売促進費等の名目で金銭の負担を要請することは、当該協賛金等の負担額及びその算出根拠等について、仕入先との間で明確になっておらず、仕入先にあらかじめ計算できない不利益を与えることとなる場合などには、優越的地位の濫用として問題となります。

4　購入・利用強制

　取引上優越した地位にある事業者（買手）が、インボイス制度の実施を契機として、免税事業者である仕入先に対し、取引価格の据置きを受け入れる代わりに、当該取引に係る商品・役務以外の商品・役務の購入を要請することは、仕入先が事業遂行上必要としない商品・役務であり、又はその購入を希望していないときであったとしても、優越的地位の濫用として問題となります。

5 取引の停止

　事業者がどの事業者と取引するかは基本的に自由ですが、取引上の地位が相手方に優越している事業者（買手）が、インボイス制度の実施を契機として、免税事業者である仕入先に対して、一方的に、免税事業者が負担していた消費税額も払えないような価格など著しく低い取引価格を設定し、不当に不利益を与えることとなる場合であって、これに応じない相手方との取引を停止した場合には、独占禁止法上問題となるおそれがあります。

6 登録事業者となるような慫慂等

　課税事業者が、インボイスに対応するために、取引先の免税事業者に対し、課税事業者になるよう要請すること自体は、独占禁止法上問題となるものではありませんが、それにとどまらず、課税事業者にならなければ、取引価格を引き下げるとか、それにも応じなければ取引を打ち切ることにするなどと一方的に通告することは、独占禁止法上又は下請法上、問題となるおそれがあります。

※上記において、独占禁止法上問題となるのは、行為者の地位が相手方に優越していること、また、免税事業者が今後の取引に与える影響等を懸念して、行為者による要請等を受け入れざるを得ないことが前提となります。

3 免税事業者及びその取引先の インボイス制度への対応に関するQ&A

令 和 4 年 1 月19日
財　　務　　省
公 正 取 引 委 員 会
経　済　産　業　省
中　小　企　業　庁
国　土　交　通　省
改 正：令 和 4 年 3 月 8 日

はじめに

　このQ＆Aは、消費税の適格請求書等保存方式（インボイス制度）に関し、事業者の方々から寄せられている質問、特に免税事業者^(注)やその取引先の対応に関する考え方を明らかにしたものであり、制度への理解を深め、必要な対応をご検討いただく際にご活用いただくことを目的としたものです。

　(注)　基準期間（個人の場合は前々年、法人の場合は前々事業年度）における課税売上高が1,000万円以下の事業者で、消費税の納税義務が免除される制度（事業者免税点制度）の適用を受ける事業者をいいます。基準期間における課税売上高が1,000万円以下でも、所轄税務署長への事前届出により課税事業者となることができます。

　(参考)　国税庁HPに、インボイス制度の特設サイトが設けられていますので、ご覧ください。

（https://www.nta.go.jp/taxes/shiraberu/zeimokubetsu/shohi/keigenzeiritsu/invoice.htm）

　また、インボイス制度について、さらに詳しくお知りになりたい方は、以下もご覧ください。

（略）

Q1 インボイス制度が実施されて、何が変わりますか。

A インボイス制度の実施後も、売上げに係る消費税額から、仕入れに係る消費税額を控除（仕入税額控除）し、その差引税額を納税するという消費税の原則は変わりません。

また、インボイス制度の実施後も、簡易課税制度[注1]を選択している場合は、現在と同様、売上げに係る消費税額に一定割合（みなし仕入率）を乗じて仕入税額控除を行うことができます。一方、簡易課税制度を選択していない場合、仕入税額控除を行うためには、適格請求書[注2]（インボイス）の保存が必要となります。

インボイスは、課税事業者が適格請求書発行事業者[注3]の登録を受けることで、発行できるようになります。課税事業者間の取引では、売手は現在使用している請求書等の様式に登録番号等を追加することなどが必要になり、買手（簡易課税制度を選択していない場合）は受け取ったインボイス及び帳簿を保存することで仕入税額控除を行うことができます。

また、インボイスには消費税率や消費税額が記載されるため、売手は納税が必要な消費税額を受け取り、買手は納税額から控除される消費税額を支払うという対応関係が明確となり、消費税の転嫁がしやすくなる面もあると考えられます。

なお、インボイス制度実施に伴う事業者の対応として、インボイス制度の実施までに、適格請求書発行事業者となる売手では、端数処理のルールの見直しを含めた請求書等の記載事項やシステムの改修等への対応が必要となる場合があります。また、交付したインボイスの写しの保存等や、仕入税額控除を行おうとする買手では、新たな仕入先が適格請求書発行事業者かどうかの確認や、受け取ったインボイスが

記載事項を満たしているかどうかの確認が必要となる場合があります。このような事業者の対応に向けては、改正電子帳簿保存法の活用を図るほか、デジタル化の推進のための専門家派遣やITの導入支援などを行います。なお、簡易課税制度を適用している事業者は買手としての追加的な事務負担は生じません。

（注1）基準期間（個人の場合は前々年、法人の場合は前々事業年度）における課税売上高が5,000万円以下の事業者について、売上げに係る消費税額に、業種ごとに定められた一定割合（みなし仕入率）を乗じることにより、仕入税額を計算する仕組みです。適用を受けるためには所轄税務署長への事前届出が必要となります。

（注2）現行制度において保存が必要となる区分記載請求書の記載事項に加えて「登録番号」、「消費税率」及び「消費税額等」の記載が必要となります。

（注3）インボイス制度が実施される令和5年10月1日から登録を受けようとする事業者は、原則として令和5年3月31日までに登録申請書を所轄税務署長に提出する必要があります。

解説

Q1では、インボイス制度の導入に伴う売手と買手の留意点と準備について説明しています。Answerでは、インボイス制度の導入により、売手と買手の対応関係が明確になり、消費税の転嫁がしやすくなるとしていますが、この他にも、（取引のすべてではありませんが）免税事業者が消費税という名目で消費税相当額を受領するという益税問題が解消されるというメリットがあります。

また、インボイスの導入に向けた準備として、売手と買手のそれぞれ

について、次のようなアドバイスをしています。

売手	• 登録申請書の提出 • 端数処理のルールの見直しを含めた請求書等の記載事項の検討 • システムの改修等へ向けた対応（準備） • 交付したインボイスの写しを保存するための準備 • 改正電子帳簿保存法の活用 • デジタル化の推進のための専門家派遣やITの導入支援などの検討
買手	• 登録申請書の提出 • 新たな仕入先が適格請求書発行事業者かどうかの確認 • 受け取ったインボイスが記載事項を満たしているかどうかの確認 • 改正電子帳簿保存法の活用 • デジタル化の推進のための専門家派遣やITの導入支援などの検討 ※簡易課税制度を適用している事業者は追加的な事務負担は生じない。

Q2 現在、自分は免税事業者ですが、インボイス制度の実施後も免税事業者であり続けた場合、必ず取引に影響が生じるのですか。

A インボイス制度の実施後も、免税事業者の売上先が以下のどちらかに当てはまる場合は、取引への影響は生じないと考えられます。

① 売上先が消費者又は免税事業者である場合

消費者や免税事業者は仕入税額控除を行わないため、インボイスの保存を必要としないからです。

② 売上先の事業者が簡易課税制度を適用している場合

簡易課税制度を選択している事業者は、インボイスを保存しなくても仕入税額控除を行うことができるからです。

　そのほか、非課税売上げに対応する仕入れについては仕入税額控除を行うことができませんので、例えば医療や介護など、消費税が非課税とされるサービス等を提供している事業者に対して、そのサービス等のために必要な物品を販売している場合なども、取引への影響は生じないと考えられます。

【参考①】簡易課税制度の適用を受けられる事業者とは

○　簡易課税制度の適用を受けられる事業者は、<u>前々年（個人）又は前々事業年度（法人）の課税売上高が5,000万円以下</u>である事業者です。

○　簡易課税制度は、<u>課税事業者の約35％の事業者が</u>、そのうち<u>個人事業者である課税事業者については約55％の事業者が適用</u>を受けています。

（参考）令和２年度国税庁統計年報より

　簡易課税適用者数　約114万者／課税事業者数　約318万者＝<u>約35％</u>

　（うち個人事業者：約64万者／約114万者＝<u>約55％</u>）

【参考②】非課税とは

○　消費税は「消費」に対して、広く、公平に負担を求めることとしており、基本的に全ての財・サービスに課税されるものですが、

　• 税の性格から課税対象とならないもの（土地の譲渡、有価証券の譲渡、貸付金利子など）や

　• 社会政策的な配慮に基づき課税対象とならないもの（医療、社会福祉事業、学校の授業料、住宅の貸付けなど）

については、「非課税」とされ、消費税は課されないこととなっています。

Q3 売上先がQ2のいずれにも当てはまらない場合、免税事業者の取引にはどのような影響が生じますか。

A 売上先がQ2のいずれにも該当しない課税事業者である場合、その課税事業者は免税事業者からの仕入れについて、原則、仕入税額控除ができないこととなります。しかし、取引への影響に配慮して経過措置が設けられており、免税事業者からの仕入れについても、制度実施後3年間は消費税相当額の8割、その後の3年間は5割を仕入税額控除が可能とされています。

また、免税事業者等の小規模事業者は、売上先の事業者と比して取引条件についての情報量や交渉力の面で格差があり、取引条件が一方的に不利になりやすい場合も想定されます。このような状況下で、売上先の意向で取引条件が見直される場合、その方法や内容によっては、売上先は独占禁止法又は下請法若しくは建設業法により問題となる可能性があります。具体的に問題となりうる行為については、**Q7**をご参照ください。

なお、インボイス制度の実施を契機として、売上先から取引条件の見直しについて相談があった場合は、免税事業者も自らの仕入れに係る消費税を負担していることを踏まえつつ、以上の点も念頭に置いて、売上先と交渉をするなど対応をご検討ください。

1　インボイス制度の下における売手側と買手側の関係

　買手側が本則課税により仕入控除税額を計算する場合には、原則としてインボイスの交付を受けないと仕入税額控除はできません。ただし、令和5年10月1日～令和8年9月30日の期間については課税仕入高の80％、令和8年10月1日～令和11年9月30日の期間については課税仕入高の50％を仕入控除税額の計算対象とすることができます。

売手側	買手側	仕入税額控除
免税事業者 （非登録事業者）	本則課税	×
	簡易課税	○
	免税事業者	―
課税事業者 （登録事業者）	本則課税	○
	簡易課税	○
	免税事業者	―

> 令和5年10月1日から3年間は消費税相当額の80％、その後の3年間は50％を仕入控除税額の計算対象とすることができる

2　下請法等との関係

　免税事業者との価格交渉に当たっては、下請法や建設業法に違反しないように留意することとされていますが、この点については**Q7**で確認してください。

3　売上先との値段交渉について

　Answerには、「…免税事業者も自らの仕入れに係る消費税を負担していることを踏まえつつ、以上の点も念頭に置いて、売上先と交渉をす

るなど対応をご検討ください。」と書かれていますが、具体的にどのよ
うな方法で交渉することを想定しているのでしょうか…？

　免税事業者は納税義務がない反面、仕入税額控除もできないこととな
るので、例えば、110（税込）で仕入れた商品に課された消費税10は仕入
コストとしてその免税事業者が負担することになります。結果、利益が
10減少することとなるので、この「仕入税額控除ができない10の消費税
相当額を売値に転嫁する必要があるので頑張って値段交渉してくださ
い。」という意味なのでしょうか…？

**Q4　免税事業者が課税事業者を選択した場合には、何が必要になり
ますか。**

A　課税事業者を選択した場合、消費税の申告・納税等が必要となりま
　す。なお、インボイス制度の実施後も、基準期間（個人事業者の場合
　は前々年、法人の場合は前々事業年度）における課税売上高が5,000万
　円以下の事業者は事前に届出を提出することで簡易課税制度を適用で
　きます。簡易課税制度は中小事業者の事務負担への配慮から設けられ
　ている制度であり、売上げに係る消費税額にみなし仕入率を乗じるこ
　とにより仕入税額を計算することができますので、仕入れの際にイン
　ボイスを受け取り、それを保存する必要はありません。

　　また、課税事業者（簡易課税制度を選択している場合を含みます）
　がインボイスを発行する場合は、所轄の税務署長への登録申請や、売
　上先に発行する請求書等の様式への登録番号等の追加、売上先へのイ
　ンボイスの交付、その写しの保存などが必要となります。

　　インボイスには消費税率や消費税額が記載されるため、売手は納税
　が必要な消費税額を受け取り、買手は納税額から控除される消費税額

を支払うという対応関係が明確となり、消費税の転嫁がしやすくなる面もあると考えられます。

　その他、課税事業者を選択した場合には、消費税法令に基づき、帳簿書類について原則7年間保存する必要があります。

【参考③】 簡易課税制度の適用を受ける場合の計算方法等

○　簡易課税制度を適用する場合、

- 消費税の納付税額を売上税額のみから計算が可能であり、
- 仕入税額控除のための請求書（インボイス）や帳簿の保存が不要

という点において、事務負担の軽減を図ることが可能となります。

○　具体的には、以下の算式により納付税額を計算することとなります。

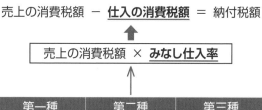

売上の消費税額 － **仕入の消費税額** ＝ 納付税額

売上の消費税額 × **みなし仕入率**

第一種 （卸売業）	第二種 （小売業等）	第三種 （製造業等）
90％	80％	70％
第四種 （飲食店業等）	第五種 （サービス業等）	第六種 （不動産業）
60％	50％	40％

解説

「免税事業者が課税事業者を選択した場合には…」とのQですが、免税事業者は令和11年9月30日の属する課税期間までは「課税事業者選択届出書」を提出しなくても、「登録申請書」の提出で適格請求書発行事業者になることができるわけですから、「免税事業者がインボイスの登録をする場合…」というQにしたほうがよかったのではないかと思われます（新平成28年改正法附則44④）。

免税事業者だけでなく、課税事業者についても、インボイスの登録申請に当たっては下記の点に注意する必要があります。

- 所轄の税務署長への登録申請（実際の申請先はインボイス登録センターになります。）
- 売上先に発行する請求書等の様式への登録番号等の追加
- 売上先へのインボイスの交付とその写しの保存
- インボイスの写しの他、関係帳簿書類の保存（原則7年間）

ところでAnswerには、簡易課税制度の適用を受ける場合には仕入先から受領したインボイスを保存する必要はないと書いてありますが、実務上は、領収証や請求書がインボイスとして兼用されることとなります。よって、これらの書類は簡易課税制度により仕入控除税額を計算する場合は不要となるものの、所得税や法人税の法令においては当然に保存が義務付けられていることに注意する必要があります。

> **Q5**　現在、自分は課税事業者ですが、免税事業者からの仕入れについて、インボイス制度の実施に当たり、どのようなことに留意すればいいですか。

A　簡易課税制度を適用している場合は、インボイス制度の実施後も、インボイスを保存しなくても仕入税額控除を行うことができますので、仕入先との関係では留意する必要はありません。

　簡易課税制度を適用していない場合も、取引への影響に配慮して経過措置が設けられており、免税事業者からの仕入れについても、制度実施後3年間は消費税相当額の8割、その後の3年間は5割を仕入税額控除が可能とされています。

　また、消費税の性質上、免税事業者も自らの仕入れに係る消費税を負担しており、その分は免税事業者の取引価格に織り込まれる必要があることにも、ご留意ください。

　なお、免税事業者等の小規模事業者は、売上先の事業者と比して取引条件についての情報量や交渉力の面で格差があり、取引条件が一方的に不利になりやすい場合も想定されます。このような状況の下で取引条件を見直す場合、その設定方法や内容によっては、独占禁止法又は下請法若しくは建設業法により問題となる可能性があります。具体的に問題となりうる行為については、**Q7**をご参照ください。

　免税事業者からの仕入れについて、インボイス制度の実施に伴う対応を検討するに当たっては、以上の点も念頭に置きつつ、仕入先とよくご相談ください。

　また、免税事業者である仕入先との取引条件を見直すことが適当でない場合に、仕入税額控除を行うことができる額が減少する分について、

原材料費や諸経費等の他のコストとあわせ、販売価格等に転嫁すること
が可能か、自らの売上先等と相談することも考えられます。

1　インボイス制度の下における売手側と買手側の関係

　簡易課税により仕入控除税額を計算する場合には、インボイスの保存
は仕入税額控除の要件とされていないので、免税事業者からの仕入れで
あっても税負担額に影響はありません。

　本則課税により仕入控除税額を計算する場合には、インボイスの交付
を受けないと原則として仕入税額控除はできませんが、令和5年10月1
日〜令和8年9月30日の期間については課税仕入高の80％、令和8年10
月1日〜令和11年9月30日の期間については課税仕入高の50％を仕入控
除税額の計算対象とすることができます。

　インボイス制度の下における売手側と買手側の関係については、**Q3**
の〈**解説**〉の表を参照してください。

2　下請法等の関係

　免税事業者との価格交渉に当たっては、下請法や建設業法に違反しな
いように留意することとされていますが、この点については**Q7**で確認
してください。

3　仕入先との値段交渉について

　Answerには「消費税の性質上、免税事業者も自らの仕入れに係る消
費税を負担しており、その分は免税事業者の取引価格に織り込まれる必

要があることにも、ご留意ください。」と書いてありますが、この言葉の意味がわかりません。

　具体的にどのような方法で「ご留意」すればよいのでしょうか…？

　免税事業者は納税義務がない反面、仕入税額控除もできないこととなるので、例えば、110（税込）で仕入れられた商品に課された消費税10は、コストとしてその仕入先である免税事業者が負担することになります。結果、仕入先である免税事業者は利益が10減少することとなるので、この10にご留意して（面倒みて）やってくれということなのでしょうか…？

　仕入先における商品の仕入値（原価）など、買手側でわかるはずがありません。消費税相当額を一体どうやって面倒みればいいのでしょう…。言いたいことは心情的にわかるのですが、こういう俗っぽい言葉が、名だたる官庁が連盟で発表した公の文書に書かれていることに違和感を感じているのは著者だけではないと思います。

（注）建設業法19条の3（不当に低い請負代金の禁止）では、下請業者が原価割れするような価格による工事の発注を禁止していますが、これは、建設業の特異性に配慮して、悪質な元請業者に対する戒めのために設けられた法律であると考えられます。

4　売上先との値段交渉について

　Answerの末尾に「免税事業者である仕入先との取引条件を見直すことが適当でない場合に、仕入税額控除を行うことができる額が減少する分について、原材料費や諸経費等の他のコストとあわせ、販売価格等に転嫁することが可能か、自らの売上先等と相談することも考えられます。」と書いてありますが、これは、仕入控除税額が減少する分（コストが増加する分）を次の取引先である自らの売上先に負担してもらうということなのでしょうか？

例えば、下図のようにインボイス導入前であれば10の税負担だった取引について、仕入税額控除ができないこととなると、M社の税負担額は20に増加します。そこで、売上先と相談の上、仕入税額控除ができない10を負担してもらうべく、売上先への売値を230程度に増額させてもらうということなのでしょうか…。これらはあくまでも経営判断というか値決めの問題なのであり、財務省や公正取引委員会が事細かにアドバイスをするようなことではないと感じています。

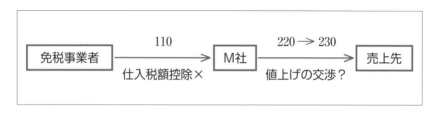

Q6　課税事業者が、インボイス制度の実施後に、新たな相手から仕入れを行う場合には、どのようなことに留意すればいいですか。

A　簡易課税制度を適用している場合は、インボイス制度の実施後も、インボイスを保存しなくても仕入税額控除を行うことができますので、仕入先との関係で留意する必要はありません。

　また、簡易課税制度を適用していない場合は、インボイス制度の実施後は、取引条件を設定するに当たり、相手が適格請求書発行事業者かを確認する必要があると考えられます。

　免税事業者からの仕入れは仕入税額控除ができないため、免税事業者から仕入れを行う場合は、設定する取引価格が免税事業者を前提としたものであることを、互いに理解しておく必要もあると考えられます。例えば、免税事業者である仕入先に対して、「税抜」や「税別」と

して価格を設定する場合には、消費税相当額の支払いの有無について、互いに認識の齟齬がないよう、ご留意ください。

　また、具体的な取引価格の設定に当たっては、取引への影響に配慮して経過措置が設けられていることなど、**Q5**の内容もご参照ください。

解説

1　経過措置を前提とした価格交渉

　簡易課税により仕入控除税額を計算する場合には、インボイスの保存は仕入税額控除の要件とされていないので、免税事業者からの仕入れであっても税負担額に影響はありません。

　本則課税により仕入控除税額を計算する場合には、インボイスの交付を受けないと原則として仕入税額控除はできませんが、令和5年10月1日〜令和8年9月30日の期間については課税仕入高の80％、令和8年10月1日〜令和11年9月30日の期間については課税仕入高の50％を仕入控除税額の計算対象とすることができます。

　例えば、免税事業者からの仕入値が110の場合、8（$110 \times \frac{10}{110} \times 80\%$）が控除できることになるので、仕入先が登録しないからといって、消費税相当額の10がまるまる控除できないわけではないのです。仕入先が登録しない場合でも、当面は109程度の支払いをすることも検討するべきではないでしょうか。

$$109 \times \frac{10}{110} \times 80\% \fallingdotseq 7.92 \cdots$$

2 登録の確認

取引条件の設定（契約）に当たっては、相手が適格請求書発行事業者かどうかを確認する必要があります。仕入先が免税事業者か登録事業者かによって仕入控除税額が変わるので、値段交渉の前に、まずは仕入先の登録の有無を確認しなければいけないということです。

免税事業者と税抜金額を前提に契約を交わした後で、仕入先が登録していないことを理由に消費税相当額を支払わないこととした場合には、下請法又は建設業法違反となるので注意が必要です（**Q7**の**Answer 1**を参照）。

免税事業者が消費税相当額を外税で請求することは、商取引としてモラルの問題はあるものの、消費税法においてこれを禁止する旨の明文規定は存在しないのです。

Q7 仕入先である免税事業者との取引について、インボイス制度の実施を契機として取引条件を見直すことを検討していますが、独占禁止法などの上ではどのような行為が問題となりますか。

A 事業者がどのような条件で取引するかについては、基本的に、取引当事者間の自主的な判断に委ねられるものですが、免税事業者等の小規模事業者は、売上先の事業者との間で取引条件について情報量や交渉力の面で格差があり、取引条件が一方的に不利になりやすい場合も想定されます。

自己の取引上の地位が相手方に優越している一方の当事者が、取引の相手方に対し、その地位を利用して、正常な商慣習に照らして不当に不利益を与えることは、優越的地位の濫用として、独占禁止法上問題となるおそれがあります。

　仕入先である免税事業者との取引について、インボイス制度の実施を契機として取引条件を見直すことそれ自体が、直ちに問題となるものではありませんが、見直しに当たっては、「優越的地位の濫用」に該当する行為を行わないよう注意が必要です。

　以下では、インボイス制度の実施を契機として、免税事業者と取引を行う事業者がその取引条件を見直す場合に、優越的地位の濫用として問題となるおそれがある行為であるかについて、行為類型ごとにその考え方を示します(注1)。

　また、以下に記載する行為類型のうち、下請法の規制の対象となるもの(注2)については、その考え方を明らかにします。下請法と独占禁止法のいずれも適用可能な行為については、通常、下請法が適用されます。なお、以下に記載する行為類型のうち、建設業を営む者が業として請け負う建設工事の請負契約におけるものについては、下請法ではなく、建設業法が適用されますので、建設業法の規制の対象となる場合についても、その考え方を明らかにします。

(注1)　以下において、独占禁止法上問題となるのは、行為者の地位が相手方に優越していること、また、免税事業者が今後の取引に与える影響等を懸念して、行為者による要請等を受け入れざるを得ないことが前提となります。

(注2)　事業者（買手）と免税事業者である仕入先との取引が、下請法にいう親事業者と下請事業者の取引に該当する場合であって、下請法第2条第1項から第4項までに規定する①製造委託、②修理委託、③情報成果物作成委託、④役務提供委託に該当する場合には、下請法の規制の対象となります。

(参考1)　優越的地位の濫用規制に関する独占禁止法上の基本的な考え方は、「優越的地位の濫用に関する独占禁止法上の考え方」（平成22年公正取引委員会）で示しているとおりです。

(参考2)　下請法の運用に関する基本的な考え方は、「下請代金支払遅延等防

止法に関する運用基準」（平成15年公正取引委員会事務総長通達第18号）で示しているとおりです。

(参考3）建設工事の請負契約に係る元請負人と下請負人との関係については、「建設業法令遵守ガイドライン（第7版）」（令和3年7月　国土交通省不動産・建設経済局建設業課）で具体的に示しています。

1　取引対価の引下げ

　取引上優越した地位にある事業者（買手）が、インボイス制度の実施後の免税事業者との取引において、仕入税額控除ができないことを理由に、免税事業者に対して取引価格の引下げを要請し、取引価格の再交渉において、仕入税額控除が制限される分[注3]について、免税事業者の仕入れや諸経費の支払いに係る消費税の負担をも考慮した上で、双方納得の上で取引価格を設定すれば、結果的に取引価格が引き下げられたとしても、独占禁止法上問題となるものではありません。

　しかし、再交渉が形式的なものにすぎず、仕入側の事業者（買手）の都合のみで著しく低い価格を設定し、免税事業者が負担していた消費税額も払えないような価格を設定した場合には、優越的地位の濫用として、独占禁止法上問題となります。

　また、取引上優越した地位にある事業者（買手）からの要請に応じて仕入先が免税事業者から課税事業者となった場合であって、その際、仕入先が納税義務を負うこととなる消費税分を勘案した取引価格の交渉が形式的なものにすぎず、著しく低い取引価格を設定した場合についても同様です。

(注3）免税事業者からの課税仕入れについては、インボイス制度の実施後3年間は、仕入税額相当額の8割、その後の3年間は同5割の控除ができることとされています。

　なお、下請法の規制の対象となる場合で、事業者（買手）が免税事業者である仕入先に対して、仕入先の責めに帰すべき理由がないのに、発注時に定めた下請代金の額を減じた場合には、下請法第4条第1項第3号で禁止されている下請代金の減額として問題となります。この場合において、仕入先が免税事業者であることは、仕入先の責めに帰すべき理由には当たりません。

　また、下請法の規制の対象となる場合で、事業者（買手）が免税事業者である仕入先に対して、給付の内容と同種又は類似の内容の給付に対して通常支払われる対価に比べて、免税事業者が負担していた消費税額も払えないような下請代金など、著しく低い下請代金の額を不当に定めた場合には、下請法第4条第1項第5号で禁止されている買いたたきとして問題となります。

　下請法の規制の対象となる場合で、事業者（買手）からの要請に応じて仕入先が免税事業者から課税事業者となった場合であって、給付の内容と同種又は類似の内容の給付に対して通常支払われる対価に比べて著しく低い下請代金の額を不当に定めた場合についても、同様です。

　なお、建設業法の規制の対象となる場合で、元請負人（建設工事の下請契約における注文者で建設業者であるもの。以下同じ。）が、自己の取引上の地位を不当に利用して免税事業者である下請負人（建設工事の下請契約における請負人。以下同じ。）と合意することなく、下請代金の額を一方的に減額して、免税事業者が負担していた消費税額も払えないような代金による下請契約を締結した場合や、免税事業者である下請負人に対して、契約後に、取り決めた下請代金の額を一方的に減額した場合等により、下請代金の額がその工事を施工するために通常必要と認

められる原価に満たない金額となる場合には、建設業法第19条の3の
「不当に低い請負代金の禁止」の規定に違反する行為として問題となり
ます。

2 商品・役務の成果物の受領拒否、返品

　取引上の地位が相手方に優越している事業者（買手）が、仕入先から
商品を購入する契約をした後において、仕入先が免税事業者であること
を理由に、商品の受領を拒否することは、優越的地位の濫用として問題
となります。

　また、同様に、当該仕入先から受領した商品を返品することは、どの
ような場合に、どのような条件で返品するかについて、当該仕入先との
間で明確になっておらず、当該仕入先にあらかじめ計算できない不利益
を与えることとなる場合、その他正当な理由がないのに、当該仕入先か
ら受領した商品を返品する場合には、優越的地位の濫用として問題とな
ります。

　なお、下請法の規制の対象となる場合で、事業者（買手）が免税事業
者である仕入先に対して、仕入先の責めに帰すべき理由がないのに、給
付の受領を拒む場合又は仕入先に給付に係る物を引き取らせる場合に
は、下請法第4条第1項第1号又は第4号で禁止されている受領拒否又
は返品として問題となります。この場合において、仕入先が免税事業者
であることは、仕入先の責めに帰すべき理由には当たりません。

3 協賛金等の負担の要請等

　取引上優越した地位にある事業者（買手）が、インボイス制度の実施
を契機として、免税事業者である仕入先に対し、取引価格の据置きを受

け入れるが、その代わりに、取引の相手方に別途、協賛金、販売促進費等の名目での金銭の負担を要請することは、当該協賛金等の負担額及びその算出根拠等について、当該仕入先との間で明確になっておらず、当該仕入先にあらかじめ計算できない不利益を与えることとなる場合や、当該仕入先が得る直接の利益等を勘案して合理的であると認められる範囲を超えた負担となり、当該仕入先に不利益を与えることとなる場合には、優越的地位の濫用として問題となります。

その他、取引価格の据置きを受け入れる代わりに、正当な理由がないのに、発注内容に含まれていない役務の提供その他経済上の利益の無償提供を要請することは、優越的地位の濫用として問題となります。

なお、下請法の規制の対象となる場合で、事業者（買手）が免税事業者である仕入先に対して、自己のために金銭、役務その他の経済上の利益を提供させることによって、仕入先の利益を不当に害する場合には、下請法第4条第2項第3号で禁止されている不当な経済上の利益の提供要請として問題となります。

4　購入・利用強制

取引上優越した地位にある事業者（買手）が、インボイス制度の実施を契機として、免税事業者である仕入先に対し、取引価格の据置きを受け入れるが、その代わりに、当該取引に係る商品・役務以外の商品・役務の購入を要請することは、当該仕入先が、それが事業遂行上必要としない商品・役務であり、又はその購入を希望していないときであったとしても、優越的地位の濫用として問題となります。

なお、下請法の規制の対象となる場合で、事業者（買手）が免税事業

者である仕入先に対して、給付の内容を均質にし、又はその改善を図るため必要がある場合その他正当な理由がある場合を除き、自己の指定する物を強制して購入させ、又は役務を強制して利用させる場合には、下請法第4条第1項第6号で禁止されている購入・利用強制として問題となります。

　また、建設業法の規制の対象となる場合で、元請負人が、免税事業者である下請負人と下請契約を締結した後に、自己の取引上の地位を不当に利用して、当該下請負人に使用資材若しくは機械器具又はこれらの購入先を指定し、これらを当該下請負人に購入させて、その利益を害すると認められた場合には、建設業法第19条の4の「不当な使用資材等の購入強制の禁止」の規定に違反する行為として問題となります。

5　取引の停止

　事業者がどの事業者と取引するかは基本的に自由ですが、例えば、取引上の地位が相手方に優越している事業者（買手）が、インボイス制度の実施を契機として、免税事業者である仕入先に対して、一方的に、免税事業者が負担していた消費税額も払えないような価格など著しく低い取引価格を設定し、不当に不利益を与えることとなる場合であって、これに応じない相手方との取引を停止した場合には、独占禁止法上問題となるおそれがあります。

6　登録事業者となるような慫慂等

　課税事業者が、インボイスに対応するために、取引先の免税事業者に対し、課税事業者になるよう要請することがあります。このような要請を行うこと自体は、独占禁止法上問題となるものではありません。

　しかし、課税事業者になるよう要請することにとどまらず、課税事業者にならなければ、取引価格を引き下げるとか、それにも応じなければ取引を打ち切ることにするなどと一方的に通告することは、独占禁止法上又は下請法上、問題となるおそれがあります。例えば、免税事業者が取引価格の維持を求めたにもかかわらず、取引価格を引き下げる理由を書面、電子メール等で免税事業者に回答することなく、取引価格を引き下げる場合は、これに該当します。また、免税事業者が、当該要請に応じて課税事業者となるに際し、例えば、消費税の適正な転嫁分の取引価格への反映の必要性について、価格の交渉の場において明示的に協議することなく、従来どおりに取引価格を据え置く場合についても同様です（上記1、5等参照）。

　したがって、取引先の免税事業者との間で、取引価格等について再交渉する場合には、免税事業者と十分に協議を行っていただき、仕入側の事業者の都合のみで低い価格を設定する等しないよう、注意する必要があります。

索　引

【著者略歴】

熊王　征秀（くまおう・まさひで）

昭和37年　山梨県出身

昭和59年　学校法人大原学園に税理士科物品税法の講師として入社し、
　　　　　在職中に酒税法、消費税法の講座を創設

平成４年　同校を退職し、会計事務所勤務。同年税理士試験合格

平成６年　税理士登録

平成９年　独立開業

現在

東京税理士会会員相談室委員

東京地方税理士会税法研究所研究員

日本税務会計学会委員

大原大学院大学教授

＜著　　書＞

- 『消費税インボイス対応要点ナビ』(日本法令)
- 『消費税　軽減税率・インボイス　対応マニュアル』(日本法令)
- 『消費税率引上げ・軽減税率・インボイス＜業種別＞対応ハンドブック』
  (日本法令・共著)
- 『不動産の取得・賃貸・譲渡・承継の消費税実務』(清文社)
- 『クマオーの基礎からわかる消費税』(清文社)
- 『消費税法講義録』(中央経済社)
- 『逐条放談　消費税のインボイスＱ＆Ａ』(中央経済社・共著)
- 『消費税トラブルの傾向と対策』(ぎょうせい)
- 『クマオーの消費税トラブルバスターⅠ・Ⅱ』(ぎょうせい)
- 『タダではすまない！　消費税ミス事例集』(大蔵財務協会)
- 『再確認！　自分でチェックしておきたい消費税の実務』(大蔵財務協会)
- 『消費税の納税義務者と仕入税額控除』(税務経理協会)
- 『10％対応　消費税の軽減税率と日本型インボイス制度』(税務研究会)
- 『８％対応　改正消費税のポイントとその実務』(税務研究会)
- 『消費税の還付請求手続完全ガイド』(税務研究会)
- 『すぐに役立つ　消費税の実務Ｑ＆Ａ』(税務研究会)

最新改訂
落語×解説でわかる
クマオーの消費税インボイスの実務【令和5年度税制改正版】

令和5年5月1日　第1刷発行

著　者　熊王　征秀

発　行　株式会社 ぎょうせい

〒136-8575　東京都江東区新木場 1-18-11
URL：https://gyosei.jp

フリーコール　0120-953-431

ぎょうせい　お問い合わせ 検索 https://gyosei.jp/inquiry/

〈検印省略〉

印刷・製本　ぎょうせいデジタル㈱
＊乱丁本・落丁本はお取り替えいたします。

© 2023　Printed in Japan

ISBN978-4-324-11275-5
(5108872-00-000)
〔略号：落語インボイス(令5)〕